SUSANNE DORNER

ONE POT FAMILY FÜR DEN THERMOMIX®

100 ABWECHSLUNGSREICHE REZEPTE FÜR KINDER UND ERWACHSENE

Tragen Sie sich jetzt unter **www.thermomix-fans.de** für unseren Newsletter ein und erhalten Sie zu neuen Veröffentlichungen Leseproben und kostenlose Rezepte!

riva

KONTAKT UND FEEDBACK

Dieses Familienkochbuch wurde mit Liebe zur Kochkunst, praktischer Erfahrung und umfangreichem Expertenwissen ausgearbeitet.

Ihr Feedback ist uns sehr wichtig. Wenn Sie Anregungen, Rückmeldungen, Ideen oder Verbesserungsvorschläge haben, zögern Sie bitte nicht, uns eine Nachricht an susanne@positiverleben.eu zu schicken, oder besuchen Sie unsere Homepage www.positiverleben.eu.

Danke schön!

WIDMUNG

Für meine lieben Schwägerinnen Sara und Sandi – und stellvertretend für alle, die um ihren Thermomix® »kämpfen« mussten.

Für alle stolzen Thermomix®-Besitzerinnen und -Besitzer, die sich durchgesetzt haben und als Belohnung ihre Küche mit dem Zaubertopf bereichern und vervollständigen konnten.

Möge euer Thermomix® immer für schnelle, einfache und liebevolle Familienmomente sorgen!

INHALT

SALATE 65

HAUPTGERICHTE MIT FLEISCH 73

HAUPTGERICHTE MIT FISCH......... 105

VEGETARISCHE HAUPTGERICHTE....... 111

VEGANE HAUPTGERICHTE............ 131

EINLEITUNG

One-Pot-Gerichte sind fester Bestandteil in jeder Familie. Die Basis sind unterschiedliche Zutaten, die am Ende ein harmonisches Ganzes ergeben. Ich mag dieses Prinzip, das man nicht nur auf das Kochen, sondern auf die Familie selbst ummünzen kann. Jedes Familienmitglied ist ein Superheld oder eine Wonder Woman, jeder ist unterschiedlich und gemeinsam ergeben alle zusammen die perfekte Kreation.

In diesem Kochbuch ist der Thermomix® der wahre Superheld in der Küche. Das Gerät ermöglicht es uns, köstliche Mahlzeiten zuzubereiten, ohne dabei viel Geschirr zu benutzen oder stundenlang in der Küche zu stehen. Mit nur einer einzigen Küchenmaschine können wir Suppen, Eintöpfe, Nudelgerichte, Salate und vieles mehr zubereiten. Der Thermomix® ist in Wahrheit ein mächtiges Werkzeug, das uns hilft, unser Leben einfacher, gesünder und leckerer zu gestalten.

One-Pot-Gerichte sind nicht nur eine großartige Möglichkeit, kostengünstig zu kochen, sondern haben auch noch viele weitere Vorteile: Sie sind

- einfach, da alle Zutaten in einem Gefäß zubereitet werden.
- schnell, da eine aufwendige Vorbereitung entfällt.
- preiswert, da mit wenigen Zutaten größere Mengen zubereitet werden.
- zeitsparend, da nur ein Gefäß für die Zubereitung erforderlich ist und somit weniger Abwasch anfällt.
- vielseitig, da Geschmack und Zutaten variieren können.
- gesund, da frische Zutaten verwendet werden.

Ich liebe es zu kochen – Liebe geht ja bekanntlich durch den Magen! Trotzdem muss es für mich als berufstätige Mama manchmal schnell gehen. Da ich für die Familie also gerne einfach und vor allem trotzdem gesund koche, sind die Rezepte in diesem Buch sehr praktisch.

One-Pot-Gerichte sind die Rettung für vielbeschäftigte Eltern, die schnell und einfach ein leckeres und gesundes Essen zaubern möchten, ohne viel Zeit in der Küche verbringen zu müssen. Und für Kinder sind Eintöpfe eine lustige und schmackhafte Möglichkeit, neue Geschmacksrichtungen und Zutaten auszuprobieren.

In diesem Kochbuch finden Sie köstliche und einfach zuzubereitende Rezepte, die ich für Sie zusammengestellt habe. Die Rezepte sind vollgepackt mit frischen Zutaten. Es sind allesamt Kreationen, die Ihre Familie um einen Nachschlag bitten lassen werden.

Also schnappen Sie sich Ihren »Superhelden«, den Thermomix®, und los geht's mit dem Kochen!

Herzlichst,

Ihre Susanne Dorner

TIPPS FÜR DEN THERMOMIX®

TIPP 1: ENTLEEREN SIE DEN MIXTOPF

Sollten sich kleine Reste im Mixtopf befinden (etwa zerkleinertes Gemüse oder Teigreste), schalten Sie für einige Sekunden auf Stufe 10. Dadurch lösen sich alle Reste und bleiben am Rand des Mixtopfes zurück. Anschließend können sie leicht mit dem Spatel entfernt werden.

TIPP 2: SO ENTFERNEN SIE HARTNÄCKIGE RESTE

Geben Sie nach dem Kochen und Entleeren des Mixtopfes etwas heißes Wasser dazu, bei hartnäckigen Rückständen zusätzlich einige Tropfen mildes Spülmittel. Lassen Sie den Thermomix® etwa 10 Sekunden auf höchster Stufe laufen. Das warme Wasser und das Spülmittel lösen Fett, Teig- und Speisereste. Spülen Sie den Mixtopf anschließend wie gewohnt. Dieser Tipp erleichtert die Reinigung und sorgt dafür, dass Ihr Thermomix® schnell wieder einsatzbereit ist.

TIPP 3: NUTZEN SIE DIE SPÜLMASCHINE

Was meinen Sie: Sind alle Teile des Thermomix® (außer dem Grundgerät und der Elektronik wie dem Cookidoo®-Chip) spülmaschinengeeignet? Die Antwort ist JA, denn alle Zubehörteile und alle abnehmbaren Teile des Thermomix® können in der Spülmaschine gereinigt werden. Die einfache Reinigung lässt Ihnen noch mehr Zeit für den perfekten Genuss.

TIPP 4: BEREITEN SIE SICH GUT VOR

Lesen Sie das ganze Rezept, bevor Sie anfangen, und machen Sie sich eine Einkaufsliste für alle Zutaten, die Sie nicht zu Hause haben. Achten Sie auch auf die Gesamtzeit der Zubereitung. Einige Gerichte können bereits am Vortag zubereitet werden.

TIPP 5: VERWENDEN SIE HOCHWERTIGE ZUTATEN

Wenn Sie Ihren Thermomix® zum Leben erwecken, setzen Sie auf Qualität, die man auf dem Teller schmeckt. Verwenden Sie hochwertige Zutaten, am besten aus der Region und der Saison. Frisches Gemüse, Obst und Kräuter verleihen Ihren Gerichten nicht nur mehr Geschmack, sondern unterstützen auch die heimischen Landwirte und fördern die Nachhaltigkeit.

TIPP 6: NUTZEN SIE DEN BESTEN SPRITZSCHUTZ

Sowohl der Messbecher als auch der Gareinsatz können beim Kochen im Thermomix® als Spritzschutz verwendet werden. Der Messbecher wird häufig während des Kochens verwendet, um Spritzer zu vermeiden und den Dampf im Mixtopf zu halten. Dies ist besonders wichtig beim Kochen oder Sieden von Flüssigkeiten. Der Gareinsatz kann auch als wirksamer Spritzschutz dienen, besonders wenn der Mixtopf sehr voll ist oder wenn beim Kochen hohe Temperaturen auftreten. Der Gareinsatz hält den Dampf zurück und ermöglicht gleichzeitig eine ausreichende Belüftung.

TIPP 7: LEITEN SIE DEN DAMPF UM

Wer den aufsteigenden Dampf des Thermomix® von der Unterseite der in der Küche stehenden Oberschränke wegleiten möchte, klemmt den Varomadeckel auf den Griff des Thermomix®. So leiten Sie den heißen Dampf um die Oberschränke herum und schonen deren Unterseite.

TIPP 8: MAHLEN SIE STAUBFREI

Wird vor dem Mahlen von Puderzucker und anderen Zutaten ein dünnes Küchenpapier zwischen Deckel und Mixtopf geklemmt, kommt wenig bis gar kein Staub aus dem Gerät. Warten Sie nach dem Mahlen noch einige Sekunden, bis der Mahlstaub sich abgesetzt hat. Außerdem bleibt der Deckel des Mixtopfes weitgehend sauber. Dieser Trick ist allerdings nur beim Mahlen sinnvoll, keinesfalls beim Kochen.

TIPP 9: ENTFERNEN SIE VERFÄRBUNGEN BEIM MIXTOPFDECKEL

Wenn sich das Silikon des Mixtopfdeckels verfärbt hat, verschwindet die Verfärbung oft wieder nach einiger Zeit, wenn der Deckel benutzt und gewaschen wird. Es hilft aber auch, den Deckel mit der Unterseite nach oben direkt in die Sonne zu legen. Nach einiger Zeit verschwinden die Verfärbungen aus dem Silikon.

TIPP 10: TROCKNEN SIE DEN MIXTOPF RICHTIG

Manchmal muss der Mixtopf richtig trocken sein, wenn er vorher nass war und Sie zum Beispiel Puderzucker herstellen, Bratenpulver mischen oder Getreide zu Mehl verarbeiten möchten. Der Hack: Der leere Mixtopf wird in das Gerät gesetzt und die Stufe 10 für einige Sekunden betätigt. Das restliche Wasser wird an die Mixtopfwand geschleudert und kann anschließend restlos entsorgt ausgewischt werden. Mixtopf und Messer sind staubtrocken und bereit für den nächsten Einsatz!

DIE ONE-POT-METHODE

WAS BEDEUTET ONE POT IM THERMOMIX®?

»One Pot« ist eine Kochmethode, bei der alle Zutaten eines Gerichts in einem einzigen Topf zubereitet werden. In diesem Kochbuch wird alles im Mixtopf und teilweise zusätzlich im Varoma oder im Gareinsatz zubereitet. Anstatt mehrere Töpfe und Pfannen zu verwenden, werden alle Zutaten gemeinsam gekocht.

WAS ZÄHLT NICHT ALS ONE-POT-KOCHGESCHIRR?

Bei der One-Pot-Methode zählen Schüsseln, Varoma oder Gareinsatz nicht zum Kochgeschirr. Das bedeutet, dass alle Zutaten, die für das Gericht benötigt werden, direkt in den Mixtopf und teilweise zusätzlich in den Varoma oder in den Gareinsatz gegeben werden, ohne separate Töpfe oder Pfannen für die Vorbereitung zu verwenden.

WAS SIND DIE VORTEILE VON ONE POT?

1. Zeitersparnis: Durch das Kochen aller Zutaten im Thermomix® spart man Zeit, da weniger Zeit für die Vorbereitung und den Abwasch benötigt wird.

2. Weniger Abwasch: Da nur ein Mixtopf und maximal Varoma und Gareinsatz verwendet werden, reduziert sich die Anzahl der zu reinigenden Töpfe, Pfannen oder Formen erheblich.

3. Einfache Zubereitung: Mit der One-Pot-Methode ist die Zubereitung einfacher, da alle Zutaten gemeinsam gekocht werden. Es entfällt das Hantieren mit verschiedenen Gefäßen.

4. Intensiver Geschmack: Da die Zutaten während des Kochens gemeinsam garen, vermischen sich die Aromen und sorgen für ein intensives Geschmackserlebnis.

5. Geringer Energieverbrauch: Durch das Kochen in einem einzigen Mixtopf und teilweise mit Varoma und Gareinsatz, wird auch der Energieverbrauch reduziert, da weniger Wärmequellen benötigt werden.

6. Flexibilität bei den Zutaten: Die One-Pot-Methode erlaubt es, verschiedene Zutaten miteinander zu kombinieren und Reste aufzubrauchen. Man kann kreativ sein und die Zutaten an die eigenen Vorlieben anpassen.

7. Transportierbarkeit: One-Pot-Gerichte eignen sich gut zum Mitnehmen und als Essen für unterwegs, da alles in einem einzigen Behältnis serviert wird.

SYMBOLE IN DEN REZEPTEN

Lebensmittelkategorie

Hier sehen Sie, welcher der vier Lebensmittelkategorien ein Rezept zugeordnet ist:

 Fleisch

 Fisch

 vegetarisch

 vegan

	**Arbeitszeit** Das ist die Zeit, in der Sie bei der Zubereitung aktiv mitwirken.
	**Gesamtzeit** Das ist die insgesamt erforderliche Zeit, die auch Kühlzeiten und Backzeiten umfasst.
	**Portionen** So viele Portionen oder Stücke ergibt das Rezept. **Hinweis:** Der Großteil der Rezepte ist auf 4 Portionen ausgelegt, was für eine durchschnittliche Familie passend ist.

DIE VERWENDETEN THERMOMIX®-FUNKTIONEN

RÜHREN

Das kleine Kochlöffel-Symbol aktiviert den Rührmodus. Diese Funktion ist ideal, wenn Sie etwas besonders glatt rühren möchten, z. B. Milchreis.

LINKSLAUF

Das Symbol mit dem Pfeil nach links aktiviert den Linkslauf. Beim Linkslauf dreht sich das Messer des Thermomix® entgegen der normalen Zerkleinerungsrichtung. Diese Funktion ist hilfreich, wenn Sie z. B. einen Fleischeintopf zubereiten und das Fleisch nicht weiter zerkleinern möchten oder bei besonders empfindlichen Zutaten.

KNETMODUS

Das kleine Weizen-Symbol aktiviert die Knetfunktion. Diese Stufe ist ideal zum Kneten von Teig. Wählen Sie einfach das Symbol aus und erhöhen Sie die Geschwindigkeit, um mit dem Kneten zu beginnen.

VAROMA

Der Varoma-Modus ermöglicht ein nährstoffschonendes Dampfgaren. Sie können Gemüse, Fisch oder Fleisch dämpfen, indem Sie die große ovale Schale auf den Deckel stellen.

Grundbegriffe der Küche

Maßeinheiten

- 1 TL = 1 Teelöffel = ca. 5 ml oder 5 g
- 1 EL = 1 Esslöffel = 3 Teelöffel = ca. 15 ml oder 15 g
- 1 Prise = was Sie in zwei Fingerspitzen halten können

Deutsche, österreichische und schweizerische Begriffe

Immer wieder kommt es vor, dass unsere Leserinnen und Leser sich beim Lesen der Zutaten nicht ganz sicher sind, was gemeint ist. Hier finden Sie eine Auflistung der wichtigsten Ausdrücke in diesem Kochbuch:

Deutsch	Österreichisch	Schweizerisch
Blumenkohl	Karfiol	Blumenkohl
Brötchen	Semmel	Semmeli
Brühe	klare Suppe	Bouillon
Eigelb	Eidotter	Eigelb
Eiweiß	Eiklar	Eiweiß
grüne Bohnen	Fisolen	Bohnen
Hackfleisch	Faschiertes	Hackfleisch
Hefe	Germ	Hefe
Kartoffel	Erdapfel	Kartoffel
Kohl	Kraut	Kabis
Konfitüre	Marmelade	Konfitüre
Maisgrieß	Polenta	Maisbrei
Möhre	Karotte	Rüebli
Paniermehl	Semmelbrösel	Paniermehl

Deutsch	Österreichisch	Schweizerisch
Porree	Lauch	Porree
Puderzucker	Staubzucker	Puderzucker
Quark	Topfen	Quark
saure Sahne	Sauerrahm	Sauerrahm
Sahne	Schlagobers	Schlagrahm
Schmand	Crème fraîche	Crème fraîche
Tomate	Paradeiser	Tomate
Wiener Würstchen	Frankfurter	Wienerli

TIPPS FÜR ZUTATEN

Verwenden Sie immer frische und hochwertige Zutaten.

MEHL

Für das Mehl in den Rezepten können Sie reines Weizenmehl mit dem Mahlgrad »universal« verwenden oder zwischen Weizen-, Dinkel- und Roggenmehl variieren. Natürlich ist auch glutenfreies Mehl geeignet.

Griffiges Mehl

Griffiges Mehl ist ein wenig gröber vermahlen und nimmt daher Flüssigkeit gut auf. Es ermöglicht elastische, feste, aber auch flaumige Teige wie Nudelteig, Mürbteig, Kartoffelteig. Insofern ist es am besten geeignet für Teige, die quellen müssen, und zum Bemehlen von Oberflächen.

Glattes Mehl

Glattes Mehl ist ein weiches, staubiges Mehl mit starker Bindekraft. Daher ist es für feinporige Teile wie Strudelteig, Blätterteig oder Pfannkuchen geeignet.

Universalmehl

Universalmehl ist eine Mischung aus glattem und griffigem Mehl im Verhältnis 1:1 und daher universell einsetzbar.

Speisestärke

Der Begriff Speisestärke wird häufig genutzt, diese entspricht dem Kartoffelmehl oder der Maisstärke. Maisstärke wird aus Mais gewonnen und Kartoffelstärke aus Kartoffeln. Maisstärke ist im Gegensatz zur Kartoffelstärke meist gluten- und laktosefrei. Die meisten kennen Maisstärke als Mondamin oder Maizena, das in jedem Supermarkt erhältlich ist.

Paniermehl

Paniermehl, auch Panierbrot, Semmelbrösel, Semmelmehl, geriebene Brötchen oder Weckmehl genannt, wird aus trockenem Weißbrot oder trockenen Brötchen durch Mahlen hergestellt und dient zum Panieren.

GRIESS

Weichweizengrieß

Weichweizengrieß eignet sich besonders gut zur Herstellung von Grießbrei, Desserts oder Kuchen.

Hartweizengrieß

Hartweizengrieß ist die Grundlage für viele Teigwaren. Beim Kochen wird der Grieß locker und bleibt trotzdem schnittfest. Daher eignet er sich für Klöße, Aufläufe und Suppeneinlagen.

Vollkorngrieß

Vollkorngrieß wird aus ungeschältem Weizen hergestellt. Alle Bestandteile des vollen Korns bleiben erhalten. Er ist daher reich an Vitaminen, Mineral- und Ballaststoffen. Der Geschmack ist kräftig und kernig. Diese Sorte eignet sich für herzhafte und deftige Speisen.

Maisgrieß

Maisgrieß ist ein Getreideerzeugnis und auch unter der Bezeichnung »Polenta« bekannt. Früher galt Maisgrieß als Arme-Leute-Essen, da er sowohl günstig war als auch gut sättigte und viel Energie lieferte. Maisgrieß eignet sich nicht nur für Desserts und süße Gerichte, sondern auch für Suppen, Aufläufe, Saucen und Breis.

ÖLE

Gesundes Öl für Salate

Verwenden Sie bitte ausschließlich hochwertiges, kaltgepresstes Öl für Salate (zum Beispiel Olivenöl).

Gesundes Öl zum Braten und Frittieren

Zum Braten und Frittieren eignen sich Öle mit hohem Rauchpunkt. Besonders gut geeignet ist zum Beispiel Bio-Kokosöl. Aufgrund seines 90-prozentigen Anteils an gesättigten Fettsäuren ist das Kokosöl als einziges Pflanzenöl sehr hitzebeständig und kann allgemein als gesundes Fett bezeichnet werden.
Kokosöl bitte nicht verwechseln mit den Kokosfettwürfeln, die meist industriell raffiniert sind. Gerne können Sie alle enthaltenen Rezepte mit Kokosöl kochen. Nur für Salate empfehle ich ein gutes Olivenöl.

ZUCKER

Wo können Sie anfangen, wenn Sie eine gesündere Ernährung für sich selbst oder für Ihre Kinder möchten? Mein Tipp: bei der Reduzierung des Zuckers. Besser noch, Sie tauschen zuckerhaltige Lebensmittel gegen eine gesündere Variante aus.

Hier eine Auflistung, wie Sie Zucker gegen gesündere Varianten tauschen können:

- statt Milchschokolade: Zartbitterschokolade
- statt Süßigkeiten: Obst oder Nüsse
- statt Limonade oder Softdrinks: Wasser oder andere zuckerfreie Getränke
- statt Fruchtsaft: Tomatensaft
- statt gekauften Ketchups: selbst gemachtes Ketchup
- statt gekauften Früchtejoghurts: Naturjoghurt, gemischt mit frischen Früchten
- statt Frühstücksflocken: Nüsse, Samen, Kokosflocken oder Mandelbrei
- statt gekauften Milchshakes: frische selbst gemachte Smoothies

In unserer heutigen Welt ist Zucker schon lange kein Luxusartikel mehr, sondern überall präsent. Ob Zucker für Kinder schädlich ist, macht die Dosis aus.

Haben Sie keine Angst, für Ihr Kind Gerichte mit Butter, Sahne und gutem Öl zu kochen. Diese Lebensmittel sättigen sehr gut und nachhaltig. So wird das Verlangen nach Süßem gemindert.

KRÄUTER UND GEWÜRZE

Aufbewahrung

Kräuter sind sehr vielfältig verwendbar: frisch, getrocknet, gefroren oder in Öl eingelegt.
Kräuter und Gewürze sind voller Aromen, die sich schnell verflüchtigen. Daher die frischen Kräuter rasch verarbeiten oder einfrieren fürs nächste Mal.
Kinder lieben es zu gärtnern: Ob von der Fensterbank oder aus dem Garten, es macht Freude, frisch und mit eigenen Händen zu ernten.

Menge

Frische Kräuter: Grundsätzlich können Sie mit ½ bis 1 TL frischer Kräuter pro Portion rechnen (je nachdem, wie intensiv die Kräuter sind).
Getrocknete Kräuter: Hier nehmen Sie nur die Hälfte davon – eine Prise –, also was Sie zwischen zwei Fingerspitzen halten können.

DIE GEHEIME ZUTAT

Denken Sie daran: Die geheime Zutat ist immer Liebe – und es ist zugleich die wichtigste Zutat!

Basis-Rezepte

Dieses Kapitel enthält Basis-Rezepte, die in verschiedenen Gerichten im Buch zur Anwendung kommen können. Sie sind generell beim Kochen nützlich und vielfach nutzbar.

Natron ist am bekanntesten unter dem Markennamen Kaiser-Natron. In kleinen Tüten abgepackt, ist es in jedem Supermarkt in der Backabteilung, aber auch in Drogerien oder im Onlinehandel erhältlich.

Natürliches Reinigungsspray

Obst und Gemüse von Wachs und Pestiziden befreien

Die natürliche und effektive Reinigung von Obst und Gemüse ist ein Basis-Rezept, das mir sehr wichtig ist und das ich gerne mit Ihnen teilen möchte.

Wenn Obst und Gemüse mit Pestiziden, Spritzmitteln oder Ähnlichem behandelt wurden, möchten Sie diese Stoffe nicht unbedingt mitessen. Auch Bio-Obst und -Gemüse wird häufig gespritzt oder mit einer glänzenden Wachsschicht überzogen. Mit diesem Reinigungsspray lässt sich alles wunderbar entfernen:

vegan | 10 Minuten | 10 Minuten | 1 Flasche (ca. 300 ml)

Zutaten:

1 Zitrone
2 TL Natron
75 g Essig (günstiger Haushaltsessig)
300 g Wasser
1 Glasflasche mit Sprühkopf (ca. 300 ml)

1. Zitrone auspressen und durch ein feines Sieb in den Mixtopf gießen. Das Sieb ist wichtig, damit später in der Sprühflasche keine Zitronenstücke den Spraykopf verstopfen.
2. Natron, Essig und Wasser dazugeben und **5 SEK./STUFE RÜHREN** verrühren.
3. Sobald sich der entstandene Schaum aufgelöst hat, den Inhalt in eine Glasflasche mit Sprühkopf umfüllen.
4. Obst und Gemüse einfach vor dem Verzehr einsprühen, leicht verreiben und mit kaltem Wasser gut abspülen.

Tipps und Tricks

Wenn Sie diesen natürlichen Obst- und Gemüse-Reiniger neben dem Küchenspülbecken stehen haben, wird es schnell zur Gewohnheit, ihn vor jedem Verzehr von frischen Lebensmitteln zu verwenden. Es ist kein großer Aufwand, hat jedoch eine umso größere Wirkung.

Mit dem Inhalt einer Sprühflasche kommt ein durchschnittlicher Haushalt ca. 1,5 Monate aus.

Das natürliche Reinigungsspray muss nicht im Kühlschrank aufbewahrt werden.

Gewürzpaste mit Gemüse (auch für Gemüsebrühe)

vegan | 20 Minuten | 45 Minuten | 1 Schraubglas (ca. 300 ml)

Zutaten:

200 g Möhren
200 g Staudensellerie
100 g Zwiebeln
100 g Tomaten
150 g Zucchini
1 Knoblauchzehe
50 g Champignons
6 Zweiglein frische abgezupfte Kräuter (z. B. Rosmarin, Basilikum und Salbei)
4 Stängel Petersilie, abgezupft
1 getrocknetes Lorbeerblatt
120 g grobes Salz
30 g Wasser
1 EL Öl (z. B. Olivenöl)
50 g geriebene vegane Parmesan-Alternative (optional)

1. Das Gemüse waschen, bei Bedarf schälen und in Stücke schneiden. Die Kräuter waschen, trocken tupfen und abzupfen.
2. Gemüse und Kräuter in den Mixtopf geben und **10 SEK./STUFE 7** zerkleinern. Mit dem Spatel nach unten schieben.
3. Lorbeerblatt, Salz, Wasser und Öl zugeben und **25–30 MIN./VAROMA/STUFE 2** einkochen. Die Mischung dickt dabei ein und wird sehr trocken.
4. Optional: geriebenene Parmesan-Alternative zugeben.
5. Lorbeerblatt entfernen. Mixtopfdeckel mit Messbecher einsetzen, **1 MIN./STUFE 4–7 SCHRITTWEISE ANSTEIGEND** pürieren.
6. Die Gewürzpaste in ein ausgekochtes Glas mit Deckel geben, auskühlen lassen und im Kühlschrank aufbewahren.

TIPPS UND TRICKS

Anstelle von veganem Parmesan kann auch normaler Parmesan verwendet werden. Beachten Sie jedoch, dass das Gericht dann nicht mehr vegan ist.

Für die Herstellung von 500 ml Gemüsebrühe verwenden Sie 1 TL Gewürzpaste und 500 ml Wasser.

Für ein Gericht verwenden Sie ca. 1 bis 2 TL zum Würzen.

Die Gewürzpaste kann mit jedem Gemüse kombiniert werden. So können Sie alles aufbrauchen, was Sie vielleicht noch im Kühlschrank haben, bevor es verdirbt.

Füllen Sie die Gewürzpaste in ein Glas (oder mehrere Gläser), das vom Platz her gut in Ihren Kühlschrank passt (zum Beispiel ins Türfach).

Die Gewürzpaste hält sich im Kühlschrank bis zu 4 Wochen oder im Gefrierfach bis zu 3 Monate. (Achtung: Im Gefrierfach kein Glas, sondern einen geeigneten Behälter zum Einfrieren verwenden.)

Die Paste immer mit einem sauberen Löffel entnehmen, um eine Verunreinigung zu vermeiden und die Haltbarkeit zu gewährleisten.

Sie können damit alles würzen, wofür Sie früher Gewürzwürfel oder Gewürzsaucen aus dem Handel verwendet haben.

Der Vorteil hier ist, dass es wirklich Natur pur ist und diese Würzpaste keinerlei künstliche Zusätze enthält und: bestimmt mit Liebe gemacht!

Kräutersalz

vegan	5 Minuten	5 Minuten	1 Schraubglas (ca. 300 ml)

Zutaten:

3 TL getrocknete Petersilie
2 TL getrockneter Rosmarin
1 TL getrockneter Thymian
2 TL getrockneter Oregano
1 TL getrockneter Majoran
2 TL getrocknetes Basilikum
200 g Meersalz (grob)

1. Alle Kräuter zusammen mit dem Salz in den Mixtopf geben und **5 SEK./STUFE 8** zerkleinern.
2. In ein Schraubglas füllen und verschließen.

TIPP:

Die Kräuter können nach Belieben variiert werden.

Vanillezucker

vegan | 5 Minuten | 48 Stunden | 1 Schraubglas (ca. 200 ml)

Zutaten:

1 Vanilleschote
200 g Zucker

1. Vanilleschote in Stücke schneiden und in ein Schraubglas geben.
2. Das Glas auf den Mixtopfdeckel stellen und den Zucker in das Glas einwiegen. Das Glas verschließen, schütteln, damit sich alles gut vermischt, und 2 Tage trocknen lassen.
3. Vanilleschote-Zucker-Mischung aus dem Glas in den Mixtopf geben, **20 SEK./STUFE 10** pulverisieren, wieder zurück in das Glas geben und verschließen.

Tipps und Tricks:

1 TL selbst gemachter Vanillezucker entspricht 1 Packung Vanillezucker (8 g).

Sie können aus verschiedenen Zuckerarten (z. B. Birkenzucker) köstlichen Vanillezucker herstellen.

Sie können den Vanillezucker auch ohne vorheriges Trocknen herstellen: Vanilleschote und Zucker direkt im Mixtopf **1 MIN./STUFE 10** *pulverisieren. Dieser Vanillezucker ist ebenso geschmackvoll, verklumpt jedoch ein wenig.*

FRÜHSTÜCK

Das Frühstück ist der perfekte Start in den Tag für alle Superhelden in der Familie. Es liefert uns nicht nur die Energie und Nährstoffe, die wir brauchen, um produktiv zu sein, sondern auch die Superkräfte, die wir benötigen, um die täglichen Herausforderungen zu meistern.

Mit diesen Rezepten können Sie den Tag gemeinsam mit der Familie beginnen und Ihre Superkräfte optimal aktivieren.

PIKANTER MILCHREIS

vegetarisch | 5 Minuten | 50 Minuten | 4 Portionen

Zutaten:

240 g Milchreis
1200 g Milch
1 Prise Salz (oder Kräutersalz)
1 Prise Muskat
50 g TK-Erbsen und 28 aufgetaute Erbsen für die Dekoration
40 g Käse, gerieben

1. Milchreis, Milch, Salz, Muskat und TK-Erbsen in den Mixtopf geben und **45 MIN./90 °C/LINKSLAUF/STUFE 1** garen.
2. Den Käse einrühren und mit geschlossenem Deckel für weitere 10 Minuten ziehen lassen.
3. Den Milchreis auf 4 Tellern anrichten und mit den Erbsen als Dekoration jeweils eine Blume darauf formen.

TIPP:

Die Zeit kann entsprechend verlängert werden, wenn der Reis nach der angegebenen Zeit noch bissfest ist.

WARMER BEEREN-PORRIDGE

vegetarisch | 10 Minuten | 20 Minuten | 4 Portionen

Zutaten:

2 Äpfel
1 Banane
4 Erdbeeren
4 EL Heidelbeeren
20 g Zitronensaft
165 g zarte Haferflocken
700 g Milch
½ TL gemahlener Zimt
30 g Honig

1. Äpfel schälen, entkernen und vierteln. Banane schälen und in Scheiben schneiden. Erdbeeren waschen und halbieren. Heidelbeeren waschen.
2. Äpfel und Zitronensaft in den Mixtopf geben, **4 SEK./STUFE 8** zerkleinern und mit dem Spatel nach unten schieben.
3. Weitere **2 SEK./STUFE 8** zerkleinern und mit dem Spatel nach unten schieben.
4. Haferflocken, Milch, Zimt und Honig zugeben und **12 MIN./90 °C/LINKSLAUF /STUFE 1** erhitzen.
5. Den Porridge in Schälchen füllen.
6. Mit Bananen, Erdbeeren und Heidelbeeren lustig garnieren und warm servieren.

COUSCOUS MIT WEINTRAUBEN

vegetarisch | 20 Minuten | 25 Minuten | 4 Portionen

Zutaten:

150 g Couscous
30 g Mandeln
30 g Datteln, entsteint
300 g Milch
15 g Honig
½ TL gemahlener Zimt
4 EL Orangensaft
4 TL weißes Mandelmus
4 EL Weintrauben

1. Couscous in einer Schüssel auf dem Mixtopfdeckel einwiegen und zur Seite stellen.
2. Mandeln in den Mixtopf geben, **4 SEK./STUFE 5** zerkleinern und umfüllen.
3. Datteln in den Mixtopf geben, **3 SEK./STUFE 6** zerkleinern und umfüllen.
4. Milch, Honig und Zimt in den Mixtopf geben, **4 MIN./100 °C/ STUFE 1** zum Kochen bringen, über den Couscous gießen und 10 Minuten quellen lassen.
5. Couscous auf 4 Tellern verteilen, mit Orangensaft beträufeln, mit den zerkleinerten Datteln und Mandeln, Mandelmus und Weintrauben garnieren und warm servieren.

FRUCHTBOWL MIT KOKOSCHIPS

vegetarisch | 10 Minuten | 10 Minuten | 4 Portionen

Zutaten:

1 Avocado
50 g Cashewkerne
400 g Himbeeren (200 g tiefgekühlt und 200 g aufgetaut) und 100 g Himbeeren (TK oder frisch) für die Dekoration
250 g Joghurt
150 g Milch
70 g Honig
20 g Zitronensaft
4 EL Kokoschips
1 EL Chiasamen

1. Avocado schälen, entkernen und in Stücke schneiden.
2. Cashewkerne in den Mixtopf geben, **7 SEK./STUFE 5** zerkleinern.
3. Himbeeren, Joghurt, Milch, Avocadostücke, Honig und Zitronensaft in den Mixtopf dazugeben und **1 MIN./STUFE 10** pürieren.
4. Die Fruchtbowl auf 4 Schalen verteilen und mit Kokoschips, Chiasamen und Himbeeren garniert servieren.

TIPP:

Sie können die aufgetauten Himbeeren auch durch frische ersetzen.

GRIESSBREI MIT KIRSCHKOMPOTT

vegetarisch | 5 Minuten | 20 Minuten | 4 Portionen

Zutaten:

1 Glas Kirschkompott (680 g)
1 TL geriebene Zitronenschale
10 g Vanillezucker (s. Seite 29)
1 TL Zimt
15 g Speisestärke
800 g Milch
300 g Sahne
75 g Zucker
140 g Hartweizengrieß

1. Gareinsatz in den Mixtopf einhängen. Kirschen in den Gareinsatz abgießen. Gareinsatz mithilfe des Spatels herausnehmen. Die Kirschen in eine Schüssel umfüllen und zur Seite stellen.
2. Zitronenabrieb, Vanillezucker, Zimt und Speisestärke in den Mixtopf zum Kirschsaft dazugeben und **5 SEK./STUFE 3** verrühren. Dann **6 MIN./100 °C/STUFE 1** aufkochen. Diesen angedickten Saft zu den Kirschen in die Schüssel geben und vermischen.
3. Mixtopf spülen.
4. Milch, Sahne, Zucker und Hartweizengrieß in den Mixtopf geben und **2 SEK./STUFE 4** verrühren, dann **9 MIN. 30 SEK./100 °C/LINKSLAUF/STUFE 3.5** kochen.
5. Grießbrei auf 4 Tellern anrichten, Kirschkompott darüber verteilen und warm servieren.

GEDÜNSTETES GEMÜSE

vegan | 10 Minuten | 20 Minuten | 4 Portionen

Zutaten:

1 Knoblauchzehe
2 TL Öl (z. B. Kokosöl)
300 g frisches Gemüse der Saison
2 TL Ahornsirup
1 Prise Salz (oder Kräutersalz, s. Seite 28)
1 Prise Pfeffer
200 g Sojajoghurt zum Dippen (optional)

1. Knoblauchzehe schälen. Buntes Gemüse der Saison waschen, putzen und in mundgerechte Stücke schneiden.
2. Knoblauch in den Mixtopf geben, **3 SEK./STUFE 8** zerkleinern und mit dem Spatel nach unten schieben.
3. Öl zugeben und **2 MIN./120 °C/STUFE RÜHREN** dünsten.
4. Gemüse, Ahornsirup, Salz und Pfeffer zugeben, **7 MIN./120 °C/LINKSLAUF/STUFE RÜHREN** dünsten und optional mit Sojajoghurt zum Dippen servieren.

TIPP:

Experimentieren Sie mit verschiedenen Gemüsesorten, um den Geschmack zu variieren. Paprika, Tomaten, Zwiebeln und Zucchini eignen sich gut. Am besten ist es, saisonales Gemüse zu verwenden.

Vegane Eierspeise

vegan	10 Minuten	10 Minuten	4 Portionen

Zutaten:

360 g Tofu
1 Zwiebel
2 TL Öl (z. B. Kokosöl)
2 Prisen Kurkuma
1 Prise Pfeffer
2 EL Hefeflocken
2 Prisen Salz (oder Kräutersalz, s. Seite 28)
6 EL Sojajoghurt
2 TL Schnittlauchringe

1. Den Tofu trocken tupfen und in Stücke schneiden. Zwiebel schälen und halbieren.
2. Zwiebel und Öl in den Mixtopf geben, **5 SEK./STUFE 5** zerkleinern und mit dem Spatel nach unten schieben.
3. Kurkuma, Pfeffer, Hefeflocken und Salz dazugeben und **3 SEK./STUFE 4** mixen.
4. Sojajoghurt zugeben und **1 MIN./100 °C/LINKSLAUF/STUFE 1** erhitzen. Vegane Eierspeise auf Tellern anrichten und mit Schnittlauchringen und Pfeffer bestreut servieren.

VEGANER KÜRBIS-GRIESSBREI

vegan | 15 Minuten | 60 Minuten | 4 Portionen

Zutaten:

400 g Hokkaido-Kürbis
500 g Wasser
2 Prisen Salz (oder Kräutersalz, s. Seite 28)
35 g Zucker
200 g Mandelmilch
1 Prise Pfeffer
1 Prise Muskat
15 g Vanillezucker (s. Seite 29)
½ TL gemahlener Zimt
60 g Weichweizengrieß

1. Kürbis in Stücke schneiden, in den Mixtopf geben, **10 SEK./STUFE 5** zerkleinern und mit dem Spatel nach unten schieben.
2. Wasser, 1 Prise Salz und 5 g Zucker zugeben, **15 MIN./100 °C/STUFE 1** garen und durch ein feines Sieb oder Tuch abgießen.
3. Gegarten Kürbis wieder in den Mixtopf geben, **20 SEK./STUFE 8** pürieren und mit dem Spatel nach unten schieben.
4. Mandelmilch, 30 g Zucker, Pfeffer, Muskat, Vanillezucker, Zimt, 1 Prise Salz und Weichweizengrieß in den Mixtopf geben, **3 SEK./STUFE 4** verrühren und **8 MIN./100 °C/LINKSLAUF/STUFE 2** aufkochen.
5. Für weitere 5 Minuten ziehen lassen und in Schalen oder Gläsern anrichten.

Schinkenaufstrich

Fleisch | 10 Minuten | 10 Minuten | 4 Portionen

Zutaten:

100 g Schinken
2 Essiggurken
25 g Butter
¼ TL getrockneter Thymian
1 Prise Pfeffer
1 Prise Muskat
1 Prise gemahlene Nelken
½ TL Senf
1 TL Balsamicoessig (hell)

1. Schinken grob in ca. 1 cm dicke Streifen schneiden. Essiggurken halbieren.
2. Schinken und Essiggurken in den Mixtopf geben, **6 SEK./STUFE 6** zerkleinern und in eine Schüssel umfüllen.
3. **RÜHRAUFSATZ EINSETZEN**. Butter in den Mixtopf geben, **15 SEK./STUFE 3** schaumig rühren und mit dem Spatel nach unten schieben.
4. Zerkleinerte Schinken-Essiggurken-Mischung, Thymian, Pfeffer, Muskat, Nelken, Senf und Balsamicoessig zugeben und **15 SEK./STUFE 3** verrühren.

Thunfischaufstrich

Fisch | 5 Minuten | 10 Minuten | 4 Portionen

Zutaten:

300 g Thunfisch (in Lake, abgetropft)
100 g Butter
½ TL Salz (oder Kräutersalz, s. Seite 28)
1 Prise Pfeffer
Abrieb von ½ Zitrone
1 EL Schnittlauchringe

1. Thunfisch, Butter, Salz, Pfeffer und Zitronenabrieb in den Mixtopf geben, **40 SEK./STUFE 4** vermischen.
2. Aufstrich mit Schnittlauchringen garniert servieren.

TIPP:

Auch fein gehackte oder in Ringe geschnittene Zwiebeln passen hervorragend dazu.

LIPTAUER

der traditionelle österreichische Aufstrich

vegetarisch | 15 Minuten | 15 Minuten | 4 Portionen

Zutaten:

1 Zwiebel
2 Essiggurken
1 rote Paprikaschote
250 g Quark
100 g Butter
30 g saure Sahne
3 TL Paprikapulver
1 TL Salz (oder Kräutersalz, s. Seite 28)
1 TL Senf (scharf)
1 Prise gemahlener Kümmel
1 Prise Pfeffer
150 g geriebener Emmentaler

1. Zwiebel schälen und halbieren. Essiggurken halbieren. Paprika waschen, Kerngehäuse entfernen und in Stücke schneiden.
2. Zwiebel und Essiggurken in den Mixtopf geben, **4 SEK./STUFE 5** zerkleinern und mit dem Spatel nach unten schieben.
3. Paprika zugeben, **5 SEK./STUFE 4** zerkleinern und mit dem Spatel nach unten schieben.
4. Quark, Butter, saure Sahne, Paprikapulver, Salz, Senf, Kümmel, Pfeffer und Emmentaler zugeben und **15 SEK./LINKSLAUF/STUFE 4.5** mischen.

TIPPS:

Der Liptauer ist eine österreichische Spezialität, die bei keinem Heurigen fehlen darf. Jeder Heurige hat sein eigenes Geheimrezept.

Optional können Sie Schafsquark verwenden, der dem Originalrezept näherkommt.

Kräuteraufstrich

vegetarisch | 15 Minuten | 15 Minuten | 4 Portionen

Zutaten:

1 Zwiebel
1 Knoblauchzehe
40 g frische Kräuter gemischt (z. B. Petersilie, Schnittlauch, Bärlauch)
200 g Frischkäse
200 g Schmand
1 TL Salz (oder Kräutersalz, s. Seite 28)
2 Prisen Pfeffer

1. Zwiebel schälen und halbieren. Knoblauch schälen. Kräuter waschen, abtupfen und Blätter abzupfen.
2. Zwiebel, Knoblauch und Kräuter in den Mixtopf geben, **5 SEK./STUFE 8** zerkleinern und mit dem Spatel nach unten schieben.
3. Frischkäse, Schmand, Salz und Pfeffer zugeben, **12 SEK./ STUFE 3** verrühren.

TIPP:

Dieser Aufstrich eignet sich sowohl als leckerer Brotaufstrich als auch als Dip, zum Beispiel zu Salzstangen, Pellkartoffeln oder Reibekuchen.

HUMMUS

vegan | 15 Minuten | 15 Minuten | 4 Portionen

Zutaten:

1 Dose Kichererbsen (560 g)
2 Knoblauchzehen
4 Stängel Petersilie
50 g Olivenöl
15 g Zitronensaft
1 TL Salz (oder Kräutersalz, s. Seite 28)
1 TL gemahlener Kümmel
3 Prisen Pfeffer
30 g Tahin
4 Prisen Paprikapulver

1. Kichererbsen abtropfen und dabei die Flüssigkeit auffangen.
2. Knoblauch schälen. Petersilie waschen, abtupfen und abzupfen.
3. Knoblauch und Petersilie in den Mixtopf geben, **3 SEK./STUFE 8** zerkleinern und mit dem Spatel nach unten schieben.
4. Abgetropfte Kichererbsen, 50 g von der aufgefangenen Flüssigkeit, Öl, Zitronensaft, Salz, Kümmel, Pfeffer und Tahin zugeben und mithilfe des Spatels **30 SEK./STUFE 8** pürieren.
5. Hummus mit Paprikapulver bestreuen und servieren.

TIPPS:

Hummus mit Fladenbrot ist nicht nur eine zeitsparende Vorspeise, sondern auch ein beliebter Snack, der hervorragend zu Wein oder Bier passt. Hummus im Schraubglas bleibt im Kühlschrank mehrere Tage frisch.

Vanillekipferl-Aufstrich

vegetarisch | 5 Minuten | 10 Minuten | 4 Portionen

Zutaten:

300 g Vanillekipferl
150 g Sahne
125 g Butter
Mark von ½ Vanilleschote
50 g Puderzucker
1 TL Mohn

1. Vanillekipferl im Mixtopf **5 SEK./STUFE 7** zerkleinern.
2. Sahne, Butter, Vanilleschotenmark, Puderzucker und Mohn zugeben, **20 SEK./STUFE 5** vermengen und in ein Schraubglas umfüllen.

Tipps:

Der Aufstrich ist die ideale Resteverwertung für übrig gebliebene Plätzchen. Statt Vanillekipferl können zum Beispiel auch Spekulatius oder Nussplätzchen verwendet werden.

Der Aufstrich ist im Kühlschrank 1 bis 2 Wochen haltbar.

Dieser außergewöhnliche Brotaufstrich eignet sich nicht nur als kulinarischer Genuss, sondern auch als besonderes Geschenk oder Mitbringsel.

KARAMELL-NUSS-AUFSTRICH

vegetarisch | 5 Minuten | 10 Minuten | 4 Portionen

Zutaten:

125 g Karamell-Nuss-Pralinen (z. B. Toffifee)
80 g Kokosöl
400 g gezuckerte Kondensmilch
1 TL Vanillezucker (s. Seite 29)

1. Pralinen und Kokosöl in den Mixtopf geben, **8 SEK./STUFE 7** zerkleinern und mit dem Spatel nach unten schieben.
2. Kondensmilch zugeben, **8 MIN./70 °C/STUFE 2** erhitzen, in ein Schraubglas umfüllen und abkühlen lassen.

TIPP:

Viele Supermärkte haben ihre eigenen Versionen von Karamell-Nuss-Pralinen, die als Alternative zu Toffifee dienen können.

HAUPTSPEISEN

Treten Sie ein in eine facettenreiche Welt der Zutaten. Suppen, Salate, Fleisch, Fisch, vegetarisch und vegan, alles ist möglich. Auch gibt es großartige Speisen für Sie, wenn es einmal ein süßes Hauptgericht sein soll. Aus den Rezepten können Sie sich Ihr persönliches Lieblingsmenü zusammenstellen.

Und das Beste: Mit nur einem einzigen Kochgeschirr, dem Thermomix®, bleibt der Aufwand in der Küche minimal und Sie haben mehr Zeit, um sich Ihren eigenen Superhelden-Aufgaben zu widmen.

Klare Rindfleischsuppe

Fleisch | 10 Minuten | 100 Minuten | 4 Portionen

Zutaten:

100 g Suppengemüse
1 Zwiebel
1400 g Wasser
2 TL Gewürzpaste (s. Seite 26) oder 1 Gemüsesuppenwürfel
1 TL Salz (oder Kräutersalz, s. Seite 28)
500 g Rindfleisch (z. B. Beinfleisch mit Knochen)

1. Suppengemüse schälen und in Stücke schneiden. Zwiebel schälen und halbieren.
2. Wasser, Gewürzpaste und Salz in den Mixtopf geben. Das Rindfleisch und das Suppengemüse in den Garkorb legen und in den Mixtopf einsetzen und **90 MIN./100 °C/STUFE 1** kochen.
3. Danach die Suppe durch ein Sieb gießen und optional mit dem zarten Fleisch und dem Gemüse als Beilagen servieren.

TIPP:

Benötigen Sie eine größere Menge an Fleisch und Suppengemüse, kann dieses im Varoma mitgegart werden. Die Einstellung muss dann **90 MIN./VAROMA/STUFE 1** *sein.*

Buchstabensuppe

vegan | 10 Minuten | 30 Minuten | 4 Portionen

Zutaten:

300 g Suppengemüse
(z. B. Möhre, Sellerie, Porree)
½ Bund Petersilie
1200 g Wasser
2 TL Gewürzpaste (s. Seite 26)
oder 1 Gemüsesuppenwürfel
1 TL Salz
100 g Suppennudeln
(z. B. Buchstabennudeln)
150 g TK-Erbsen
2 Prisen Muskat
2 Prisen Pfeffer

1. Das Gemüse waschen, bei Bedarf schälen und in Stücke schneiden. Petersilie waschen, trocken tupfen und abzupfen.
2. Suppengemüse in den Mixtopf geben und **4 SEK./STUFE 5** zerkleinern.
3. Wasser, Gewürzpaste und Salz zugeben und **10 MIN./100 °C/ STUFE 1** garen.
4. Suppennudeln, gefrorene Erbsen, Muskat und Pfeffer zugeben und **ZEIT GEMÄSS PACKUNGSANGABE/100 °C/ LINKSLAUF/STUFE 1** fertig garen.
5. Suppe mit Petersilie bestreut servieren.

OMAS TRADITIONELLE KRAUTSUPPE MIT SPECK

Fleisch | 20 Minuten | 55 Minuten | 4 Portionen

Zutaten:

300 g Weißkohl
1 Zwiebel
1 Knoblauchzehe
70 g Speck
15 g Tomatenmark
2 EL Paprikapulver, edelsüß
½ TL Paprikapulver, geräuchert
1 TL Kümmel, ganz
15 g Kokosöl
500 g Wasser
1 TL Salz (oder Kräutersalz, s. Seite 28)
2 TL Gewürzpaste (s. Seite 26) oder ½ Gemüsesuppenwürfel
1 getrocknetes Lorbeerblatt
1 EL Essig
3 Stängel Petersilie
1 EL Speisestärke
80 g saure Sahne
4 Prisen bunten Pfeffer (optional)

1. Weißkohl vorbereiten: Strunk entfernen und in Stücke schneiden. Zwiebel schälen und halbieren. Knoblauch schälen. Speck in Würfel oder Streifen schneiden.
2. Zwiebel und Knoblauch in den Mixtopf geben, **5 SEK./STUFE 5** zerkleinern und mit dem Spatel nach unten schieben.
3. Speck, Tomatenmark, beide Paprikapulver, Kümmel und Kohl zugeben, **5 SEK./STUFE 4** zerkleinern und mit dem Spatel nach unten schieben.
4. Kokosöl zugeben und **9 MIN./120 °C/LINKSLAUF/STUFE 2** dünsten.
5. Wasser, Salz, Gewürzpaste, Lorbeerblatt und Essig zugeben und **19 MIN./100 °C/LINKSLAUF/STUFE 1** kochen.
6. Währenddessen Petersilie waschen, trocken tupfen, die Blätter abzupfen und fein hacken. Ein wenig für die Dekoration beiseitelegen und den Rest in einer kleinen Schüssel mit 1 EL Stärke und etwa der Hälfte der sauren Sahne verrühren.
7. Lorbeerblatt entfernen. Stärke-Rahm-Mischung aus der Schüssel zugeben und **5 MIN./100 °C/LINKSLAUF/STUFE 1** erhitzen.
8. Krautsuppe abschmecken, in tiefen Tellern anrichten und mit je 1 EL saure Sahne, gehackter Petersilie und optional mit buntem Pfeffer garniert servieren.

TIPP:

Sie können den Weißkohl in Schritt 3 noch einige Sekunden länger zerkleinern, wenn Sie eine feinere Krautsuppe wünschen.

ERBSENSUPPE MIT WÜRSTCHEN

Fleisch | 20 Minuten | 100 Minuten | 4 Portionen

Zutaten:

1 Zwiebel
120 g Schinkenspeck
100 g Möhren
100 g Sellerie
150 g Kartoffeln
150 g Porree
200 g Schälerbsen
900 g Wasser
2 TL Gewürzpaste (s. Seite 26) oder 1 Gemüsesuppenwürfel
½ TL Salz (oder Kräutersalz, s. Seite 28)
2 Prisen Pfeffer
4 Würstchen
1 EL getrockneter Majoran

1. Zwiebel schälen und halbieren. Schinkenspeck würfeln. Möhren, Sellerie und Kartoffeln schälen und in Stücke schneiden. Porree waschen und in Ringe schneiden.
2. Zwiebel in den Mixtopf geben, **3 SEK./STUFE 5** zerkleinern und mit dem Spatel nach unten schieben.
3. Schinkenspeckwürfel zugeben und **3 MIN./120 °C/STUFE 1** dünsten.
4. Möhren, Sellerie und Kartoffeln zugeben und **5 SEK./STUFE 4.5** zerkleinern.
5. Porreeringe, Erbsen, Wasser, Gewürzpaste, Salz und Pfeffer zugeben, Varoma-Behälter als Spritzschutz aufsetzen und **60 MIN./100 °C/LINKSLAUF/STUFE 1** garen.
6. Varoma absetzen und Würstchen hineinlegen, Majoran in den Mixtopf zugeben, Varoma mit Würstchen aufsetzen und **20 MIN./100 °C/LINKSLAUF/STUFE 1** fertig garen.
7. Varoma absetzen und Würstchen in Stücke schneiden. Die Suppe auf 4 Tellern anrichten und mit den Würstchen servieren.

TIPP:

Schälerbsen benötigen keine Einweichzeit mehr und sind nach 80 Minuten gar. Da sie keine Schale haben, zerfallen sie leicht. Andere Trockenerbsen müssen mindestens 8 Stunden eingeweicht werden, am besten über Nacht. Hier empfiehlt es sich, nach dem Kochen eine Garprobe zu machen.

Kartoffelsuppe mit Chips

vegetarisch | 25 Minuten | 35 Minuten | 4 Portionen

Zutaten:

550 g Kartoffeln
100 g Möhren
100 g Sellerie
1 Zwiebel
1 Porree
10 g Öl (z. B. Kokosöl)
600 g Wasser
1 TL Salz (oder Kräutersalz, s. Seite 28)
2 Prisen Pfeffer
1 TL getrockneter Majoran
2 TL Gewürzpaste (s. Seite 26) oder 1 Gemüsesuppenwürfel
200 g Sahne
1 Prise Muskat
ein paar Chips zum Garnieren

1. Kartoffeln, Möhren und Sellerie schälen und in Stücke schneiden. Zwiebel schälen und halbieren. Porree waschen und in Stücke schneiden.
2. Öl, Kartoffeln, Möhren, Sellerie, Zwiebel und Porree in den Mixtopf geben und **5 SEK./STUFE 5** zerkleinern.
3. Mit dem Spatel nach unten schieben und **2 MIN./100 °C/STUFE 1** erhitzen.
4. Wasser, Salz, Pfeffer, Majoran und Gewürzpaste zugeben und **20 MIN./100 °C/STUFE 1** kochen.
5. Sahne in den Mixtopf zugeben und **1 MIN./STUFE 5–10 SCHRITTWEISE ANSTEIGEND** pürieren.
6. Suppe mit Kartoffelchips anrichten und mit Muskat bestreut servieren.

GEMÜSECREMESUPPE MIT BROTSTANGEN

vegetarisch | 15 Minuten | 40 Minuten | 4 Portionen

Zutaten:

1 Zwiebel
1 Knoblauchzehe
200 g Kartoffeln
270 g Gemüse (z. B. Möhren, Porree, Kohlrabi)
70 g Tomaten
1 Stängel Petersilie
1 TL Gewürzpaste (s. Seite 26) oder ½ Gemüsesuppenwürfel
1 TL Salz (oder Kräutersalz, s. Seite 28)
2 Prisen Pfeffer
450 g Wasser
15 g Butter
1 Packung Brotstangen (z. B. Grissini)

1. Zwiebel schälen und halbieren. Knoblauch schälen. Kartoffeln und Gemüse schälen und in Stücke schneiden. Tomaten waschen, Strunk entfernen und vierteln. Petersilie waschen und trocken tupfen.
2. Zwiebeln, Knoblauch, Kartoffeln, Gemüse, Petersilie, Gewürzpaste, Salz, Pfeffer und Wasser in den Mixtopf geben und **23 MIN./100 °C/STUFE 1** garen.
3. Butter zugeben, **1 MIN./STUFE 5–9 SCHRITTWEISE ANSTEIGEND PÜRIEREN**, abschmecken und mit Brotstangen servieren.

TIPP:

Für eine flüssigere Suppe können Sie die Kartoffelmenge etwas reduzieren oder je nach Geschmack mehr Wasser zugeben.

Für eine vegane Variante der Suppe ersetzen Sie die Butter durch Margarine.

SCHNELLE ZUCCHINICREMESUPPE

vegetarisch | 10 Minuten | 25 Minuten | 4 Portionen

Zutaten:

1 Zwiebel
1 Knoblauchzehe
700 g Zucchini
300 g Wasser
2 TL Gewürzpaste (s. Seite 26) oder 1 Gemüsesuppenwürfel
1 TL Salz (oder Kräutersalz, s. Seite 28)
2 Prisen Pfeffer
20 g Butter
4 TL saure Sahne
4 TL Schnittlauchringe

1. Zwiebel schälen und halbieren. Knoblauch schälen. Zucchini waschen und in Stücke schneiden.
2. Zwiebel und Knoblauch in den Mixtopf geben, **3 SEK./STUFE 5** zerkleinern und mit dem Spatel nach unten schieben.
3. Zucchini, Wasser, Gewürzpaste, Salz und Pfeffer zugeben und **15 MIN./100 °C/STUFE 1** garen.
4. Butter zugeben, **1 MIN./STUFE 4–8 SCHRITTWEISE ANSTEIGEND** pürieren.
5. Auf 4 Tellern anrichten, mit saurer Sahne und Schnittlauchringen garniert servieren.

TIPP:

Gnocchi eignen sich optional als Einlage. Dazu 1 Packung Gnocchi (aus dem Kühlregal) im letzten Schritt nach dem Pürieren zugeben und **5 MIN./100 °C/LINKSLAUF/STUFE 1** *garen.*

Für eine vegane Variante der Suppe ersetzen Sie die Butter durch Margarine und die saure Sahne durch Sahneersatz auf Sojabasis (z. B. Creme Vega).

MAISCREMESUPPE

vegetarisch | 10 Minuten | 45 Minuten | 4 Portionen

Zutaten:

1 Zwiebel
2 Knoblauchzehe
350 g Kartoffeln
570 g Mais (aus der Dose)
350 g Wasser
400 g Kokosmilch
2 TL Gewürzpaste (s. Seite 26) oder 1 Gemüsesuppenwürfel
½ TL Salz (oder Kräutersalz, s. Seite 28)
1 TL Thymian, gehackt
200 g saure Sahne
2 EL Schnittlauchringe

1. Zwiebel schälen und halbieren. Knoblauch schälen. Kartoffeln schälen und in Stücke schneiden.
2. Zwiebel und Knoblauch in den Mixtopf geben, **3 SEK./STUFE 6** zerkleinern und mit dem Spatel nach unten schieben.
3. Kartoffeln, 500 g Mais (Rest für die Dekoration beiseitestellen), Wasser, Kokosmilch, Gewürzpaste, Salz und Thymian zugeben und **30 MIN./100 °C/STUFE 2** kochen.
4. Dann **2 MIN./STUFE 6–9 SCHRITTWEISE ANSTEIGEND** pürieren.
5. Saure Sahne zugeben und **1 MIN./100 °C/STUFE 3.5** vermischen.
6. Die Suppe anrichten und mit Mais und Schnittlauch bestreuen.

TIPP:

Anstelle von saurer Sahne kann für eine vegane Variante auch Sahneersatz auf Sojabasis verwendet werden (z. B. Creme Vega).

TOMATENSUPPE MIT BULGUR

vegan | 15 Minuten | 50 Minuten | 4 Portionen

Zutaten:

1 rote Zwiebel
2 Knoblauchzehen
800 g Tomaten
1 rote Paprikaschote
2 EL Öl (z. B. Olivenöl)
2 TL Tomatenmark
2 TL Gewürzpaste (s. Seite 26) oder 1 Gemüsesuppenwürfel
200 g Wasser
1 TL Salz (oder Kräutersalz, s. Seite 28)
½ TL Pfeffer
1 TL getrockneter Oregano
1 TL getrocknetes Basilikum
100 g Bulgur
1 EL Petersilie, gehackt

1. Zwiebel schälen und halbieren. Knoblauch schälen. Tomaten waschen und halbieren. Paprika waschen, entkernen und vierteln.
2. Zwiebel und Knoblauch in den Mixtopf geben, **4 SEK./ STUFE 5** zerkleinern und mit dem Spatel nach unten schieben.
3. Öl zugeben und **2 MIN./120 °C/STUFE 1** dünsten.
4. Tomaten und Paprika zugeben und **10 SEK./STUFE 5** zerkleinern.
5. Tomatenmark, Gewürzpaste, Wasser, Salz, Pfeffer, Oregano und Basilikum zugeben und **9 MIN./100 °C/STUFE 2** aufkochen.
6. Gareinsatz einhängen, Bulgur einwiegen und **20 MIN./100 °C/ STUFE 1** garen.
7. Gareinsatz mithilfe des Spatels herausnehmen und zur Seite stellen.
8. Mixtopf wieder verschließen, Suppe **45 SEK./STUFE 4–8 SCHRITTWEISE ANSTEIGEND** pürieren. Auf 4 Teller anrichten und mit Bulgur und frischer Petersilie bestreut servieren.

BROKKOLI-SALAT MIT GRANATAPFEL

vegetarisch | 5 Minuten | 10 Minuten | 4 Portionen

Zutaten:

1 Granatapfel
200 g Brokkoli
1 gelbe oder rote Paprikaschote
1 Apfel
20 g Pistazien (oder andere Kerne)
15 g Olivenöl
10 g Balsamicoessig (hell)
1 TL Honig
1 TL Senf
1 TL Salz (oder Kräutersalz, s. Seite 28)
2 Prisen Pfeffer

1. Granatapfel öffnen und entkernen. Brokkoli waschen und in Röschen schneiden. Paprika waschen, entkernen und in Stücke schneiden. Apfel waschen, Strunk entfernen und vierteln.
2. Brokkoli, Paprika, Apfel, Pistazien, Öl, Balsamicoessig, Honig, Senf, Salz und Pfeffer in den Mixtopf geben, **5 SEK./STUFE 4** zerkleinern.
3. Auf 4 Schüsseln verteilen und mit den Granatapfelkernen garniert servieren.

TIPPS:

Klopfen Sie den Granatapfel vor dem Öffnen mit einem Holzlöffel rundum ab. So lassen sich die Kerne leichter entfernen.

Nach Belieben kann der Salat optional auch mit Feta bestreut werden.

BUNTER NUDELSALAT MIT PESTO UND RUCOLA

vegetarisch | 15 Minuten | 95 Minuten | 4 Portionen

Zutaten:

1 rote Zwiebel
50 g getrocknete Tomaten in Öl
150 g Zucchini
300 g gelbe Paprikaschote
15 g Rucola
250 g Nudeln (z. B. Spirelli)
1500 g Wasser
2 TL Salz (oder Kräutersalz, s. Seite 28)
75 g Kräuter-Pesto
50 g Balsamicoessig (hell)
2 Prisen Pfeffer

1. Zwiebel schälen und halbieren. Tomaten abtropfen und dabei das Öl auffangen. Zucchini waschen und in Stücke schneiden. Paprika waschen, entkernen und vierteln. Rucola waschen und abtupfen.
2. Wasser und 1 TL Salz in den Mixtopf geben und **12 MIN./100 °C/STUFE 1** aufkochen.
3. Nudeln zugeben und ohne Messbecher bissfest (al dente) **ZEIT GEMÄSS PACKUNGSANGABE/100 °C/LINKSLAUF/ STUFE 1** garen. Nudeln in den Varoma-Behälter abgießen, mit kaltem Wasser abschrecken und in eine große Schüssel umfüllen.
4. Zwiebel in den Mixtopf geben, **3 SEK./STUFE 5** zerkleinern und mit dem Spatel nach unten schieben.
5. Abgetropfte Tomaten zugeben und **3 SEK./STUFE 4** zerkleinern.
6. Zucchini und Paprika zugeben, mithilfe des Spatels **5 SEK./ STUFE 4** zerkleinern und Gemüse zu den Nudeln in die Schüssel umfüllen.
7. Pesto, Balsamicoessig, 40 g Tomatenöl, 1 TL Salz und Pfeffer in den Mixtopf geben und **10 SEK./STUFE 3** verrühren. Das Dressing über die Nudeln in der Schüssel verteilen, vermischen und mindestens 1 Stunde ziehen lassen. Danach den Rucola unterheben und servieren.

COLESLAW
Amerikanischer Krautsalat

vegetarisch | 10 Minuten | 40 Minuten | 4 Portionen

Zutaten:

400 g Weißkohl
1 Zwiebel
100 g Möhren
2 TL Salz (oder Kräutersalz, s. Seite 28)
2 TL Zucker
70 g Mayonnaise
20 g Balsamicoessig (hell)
3 Prisen Pfeffer

1. Weißkohl vom Strunk befreien und in Stücke schneiden. Zwiebel schälen und halbieren. Möhren schälen und in Stücke schneiden.
2. Zwiebel und Möhren in den Mixtopf geben und **3 SEK./STUFE 5** zerkleinern.
3. Weißkohl, Salz und Zucker zugeben, **20 SEK./STUFE 4** zerkleinern und 30 Minuten im Mixtopf ziehen lassen.
4. Weißkohlmischung in den Varoma-Behälter geben, kurz abspülen, gut abtropfen lassen und zurück in den Mixtopf geben.
5. Mayonnaise, Balsamicoessig und Pfeffer zugeben, **5 SEK./LINKSLAUF/STUFE 3** vermischen und servieren.

TIPPS:

Dieser Salat kann optional schon am Vortag zubereitet werden, da er über Nacht durchzieht und dadurch an Geschmack gewinnt.

Der Salat kann auch mit Speckwürfeln garniert serviert werden.

Für eine vegane Variante kann statt herkömmlicher Mayonnaise vegane Mayonnaise verwendet werden.

Coleslaw eignet sich hervorragend als zusätzlicher Belag für Sandwiches oder Burger und ist generell eine ideale Beilage für jede Grillparty.

SCHNELLER BOHNENSALAT MIT TOMATEN

vegan | 10 Minuten | 15 Minuten | 4 Portionen

Zutaten:

½ Bund Petersilie
2 Dosen weiße Bohnen
400 g Kirschtomaten
50 g grüne Oliven (entsteint)
30 g Olivenöl
30 g Zitronensaft
1½ TL Salz (oder Kräutersalz, s. Seite 28)
4 Prisen Pfeffer

1. Petersilie waschen, trocken tupfen und zupfen. Bohnen in einem Sieb abwaschen und abtropfen lassen. Tomaten waschen, Strunk entfernen und vierteln.
2. Petersilie und Oliven in den Mixtopf geben, **5 SEK./STUFE 5** zerkleinern und mit dem Spatel nach unten schieben.
3. Öl, Zitronensaft, 1 TL Salz und Pfeffer zugeben, **15 SEK./STUFE 3** verrühren, in eine große Schüssel füllen.
4. Weiße Bohnen und Tomaten in die Schüssel zugeben. Alles gut vermischen, mit dem restlichen Salz abschmecken und servieren.

APFEL-MÖHREN-SALAT

vegan | 5 Minuten | 10 Minuten | 4 Portionen

Zutaten:

250 g Möhren
400 g Äpfel
25 g Öl (z. B. Olivenöl)
20 g Zitronensaft
½ TL Salz (oder Kräutersalz, s. Seite 28)

1. Möhren schälen und in Stücke schneiden. Äpfel waschen, Strunk entfernen und vierteln.
2. Alle Zutaten in den Mixtopf geben und **6 SEK./STUFE 4.5** zerkleinern, abschmecken und servieren.

TIPP:

Für einen intensiveren Geschmack lassen Sie den Salat eine halbe Stunde durchziehen.

COUSCOUS-SALAT

vegan | 20 Minuten | 30 Minuten | 4 Portionen

Zutaten:

100 g Möhren
120 g Salatgurke
1 grüne Paprikaschote
100 g Kirschtomaten
200 g Wasser
1 TL Gewürzpaste (s. Seite 26) oder ½ Gemüsesuppenwürfel
1 TL Salz (oder Kräutersalz, s. Seite 28)
300 g Couscous
35 g getrocknete Tomaten in Öl
15 g Zitronensaft
1 Prise Pfeffer
3 Stängel frische Minze
4 Stängel frische Petersilie
65 g Mais (aus der Dose)

1. Möhren schälen und in Stücke schneiden. Salatgurke waschen und in Stücke schneiden. Paprika waschen, entkernen und ebenfalls in Stücke schneiden. Kirschtomaten waschen und vierteln.
2. Wasser, Gewürzpaste und Salz in den Mixtopf geben und **4 MIN. 10 SEK./100 °C/STUFE 1** erhitzen.
3. Couscous zugeben und **5 MIN./LINKSLAUF/STUFE 0.5** ziehen lassen und in eine große Schüssel umfüllen.
4. Möhren, Gurke, Paprika, getrocknete Tomaten, Zitronensaft, Pfeffer, Minze und Petersilie in den Mixtopf geben, **3 SEK./STUFE 5** zerkleinern und mit dem Spatel nach unten schieben.
5. Kirschtomaten und Mais zugeben, **5 SEK./LINKSLAUF/STUFE 2** mischen, zum gegarten Couscous umfüllen und gut vermischen.

TIPP:

Sie können den Salat mit 100 g Fetawürfel verfeinern. Einfach zum Schluss über den Salat streuen. Für eine vegane Variante die Fetawürfel durch in Ringe geschnittene Oliven ersetzen.

Kartoffelsalat

vegan

15 Minuten

50 Minuten

4 Portionen

Zutaten:

500 g Kartoffeln
1 rote Zwiebel
550 g Wasser
1½ TL Salz (oder Kräutersalz, s. Seite 28)
2 TL Gewürzpaste (s. Seite 26) oder 1 Gemüsesuppenwürfel
15 g Estragon-Senf
50 g Öl (z. B. Sonnenblumenöl)
30 g Balsamicoessig (hell)
1 TL Zucker
4 Prisen Pfeffer
2 EL Schnittlauchringe

1. Kartoffeln schälen und in ca. 3 mm dicke Scheiben schneiden. Zwiebel schälen und vierteln.
2. 400 g Wasser und ½ TL Salz in den Mixtopf geben. Gareinsatz einhängen, Kartoffeln einwiegen und **23 MIN./VAROMA/STUFE 1** garen.
3. Gareinsatz mithilfe des Spatels herausnehmen, Kartoffeln in eine große Schüssel füllen und Mixtopf leeren.
4. Zwiebel in den Mixtopf geben, **4 SEK./STUFE 5** zerkleinern und mit dem Spatel nach unten schieben.
5. 150 g Wasser, Gewürzpaste und Senf zugeben und **5 MIN./100 °C/LINKSLAUF/STUFE 0.5** kochen.
6. Öl, Balsamicoessig, Zucker, 1 TL Salz und Pfeffer zugeben und **10 SEK./LINKSLAUF/STUFE 2.5** vermischen.
7. Die Marinade über die Kartoffeln in der Schüssel gießen, unterheben, 15 Minuten ziehen lassen und mit Schnittlauchringen bestreut servieren.

Rindsrouladen

Fleisch | 25 Minuten | 95 Minuten | 4 Portionen

Zutaten:

2 Möhren
2 Essiggurken
1 Zwiebel
4 Rindsschnitzel
1 TL Salz (oder Kräutersalz, s. Seite 28)
½ TL Pfeffer
4 TL Estragon-Senf
8 Scheiben Bauchspeck
2 EL Rapsöl
½ TL Paprikapulver
70 g Butter
150 g Rotwein
500 g Wasser
2 TL Gewürzpaste (s. Seite 26) oder 1 Gemüsesuppenwürfel
10 g Honig
15 g Tomatenmark
1 getrocknetes Lorbeerblatt
50 g saure Sahne

1. Möhren schälen und in Streifen schneiden. Die Essiggurken ebenfalls in Streifen schneiden. Zwiebel schälen und halbieren.
2. Rindsschnitzel waschen, trocken tupfen und flachklopfen. Dann beidseitig salzen und pfeffern. Auf einer Seite mit Senf bestreichen und jeweils 2 Scheiben Speck darauflegen. Ein paar Streifen Essiggurken und Möhren darauflegen, fest zusammenrollen, mit Zahnstochern fixieren und in den Varoma-Behälter legen.
3. Rapsöl mit Paprikapulver in einer Schüssel verrühren und die Rindsrouladen damit rundherum bestreichen. Varoma zur Seite stellen.
4. Zwiebel in den Mixtopf geben, **3 SEK./STUFE 5** zerkleinern und mit dem Spatel nach unten schieben.
5. Butter zugeben und **3 MIN./120 °C/STUFE 1** dünsten.
6. Rotwein, Wasser, Gewürzpaste, Honig, Tomatenmark, Lorbeerblatt und ein Prise Pfeffer zugeben. Varoma aufsetzen und **70 MIN./VAROMA/STUFE 1** garen.
7. Nach der Garzeit den Varoma zur Seite stellen. Lorbeerblatt aus der Sauce entfernen. Saure Sahne hinzufügen und **10 SEK./STUFE 8** pürieren.
8. Zahnstocher aus den Rouladen entfernen. Rouladen in Scheiben schneiden, auf 4 Tellern anrichten und mit Sauce übergießen.

TIPP:

Als Beilage eignen sich sowohl frisches Gebäck als auch Bandnudeln oder Semmelknödel.

PASTA MIT SCHINKEN UND SPINAT

Fleisch | 10 Minuten | 30 Minuten | 4 Portionen

Zutaten:

200 g Schinken (gekocht)
500 g Wasser
400 g Milch
2 TL Gewürzpaste (s. Seite 26) oder 1 Gemüsesuppenwürfel
500 g Nudeln (nach Belieben)
200 g TK-Blattspinat
200 g Frischkäse
1 TL Salz (oder Kräutersalz, s. Seite 28)
4 Prisen Muskat
4 Prisen Pfeffer
2 EL Parmesan, gerieben

1. Schinken in Streifen schneiden.
2. Schinken zusammen mit Wasser, Milch, Gewürzpaste, Nudeln, Spinat, Frischkäse, Salz, Muskat und Pfeffer in den Mixtopf geben und **23 MIN./95 °C/LINKSLAUF/STUFE 1** kochen.
3. Pasta auf 4 Teller verteilen und mit Parmesan bestreut servieren.

RINDFLEISCH MIT PAPRIKA-EINTOPF

Fleisch | 20 Minuten | 55 Minuten | 4 Portionen

Zutaten:

300 g Rinderfilet
150 g Zwiebel
1 Knoblauchzehe
je 1 grüne, gelbe und rote Paprikaschote
40 g Öl (z. B. Kokosöl)
200 g saure Sahne
1 Dose stückige Tomaten
2 TL Gewürzpaste (s. Seite 26) oder 1 Gemüsesuppenwürfel
1 TL Salz (oder Kräutersalz, s. Seite 28)
3 Prisen Pfeffer
1 TL Paprikapulver
1 TL Rosmarin, gehackt

1. Rinderfilet waschen, abtupfen und in ca. 1×3 cm dünne Streifen schneiden. Zwiebel schälen und halbieren. Knoblauch schälen. Paprika waschen, entkernen und in ca. 1 cm große Würfel schneiden.
2. Zwiebel und Knoblauch in den Mixtopf geben, **3 SEK./STUFE 5** zerkleinern und mit dem Spatel nach unten schieben.
3. Öl zugeben und **3 MIN./120 °C/STUFE 1** dünsten.
4. Paprika, saure Sahne, Tomaten, Gewürzpaste, Salz, Pfeffer, Paprikapulver und Rosmarin zugeben und **15 MIN./90 °C/LINKSLAUF/STUFE RÜHREN** garen.
5. Rindfleischstreifen zugeben, **15 MIN./100 °C/LINKSLAUF/STUFE RÜHREN** weitergaren, abschmecken und servieren.

PUTEN-FRIKASSEE MIT ERBSEN UND MÖHREN

Fleisch | 20 Minuten | 60 Minuten | 4 Portionen

Zutaten:

500 g Putenbrustfilet
200 g Möhren
100 g Staudensellerie
100 g Champignons
1 TL Salz (oder Kräutersalz, s. Seite 28)
1 EL Öl (z. B. Kokosöl)
230 g Reis
1300 g Wasser
100 g Erbsen (TK oder frisch)
50 g Butter
40 g Mehl
2 TL Gewürzpaste (s. Seite 26) oder 1 Gemüsesuppenwürfel
2 TL Zitronensaft
1 TL Worcestersauce
4 Prisen Pfeffer
100 g Sahne
2 EL Petersilie, fein gehackt

1. Putenbrustfilet waschen und trocken tupfen. Möhren schälen und in dünne Scheiben schneiden. Staudensellerie waschen und in Stücke schneiden. Champignons putzen und vierteln.
2. Salz und Öl in den Mixtopf geben, Gareinsatz einhängen, Reis einwiegen und Wasser über den Reis zugeben.
3. Varoma-Behälter aufsetzen. Möhren, Staudensellerie und Erbsen in den Varoma-Behälter geben und den Varoma-Einlegeboden einsetzen.
4. Putenbrust leicht salzen, mit den Champignons auf den Einlegeboden legen, Varoma verschließen und **33 MIN./VAROMA/STUFE 1** garen.
5. Varoma absetzen, gegartes Fleisch zur Seite legen, Gemüse und Reis jeweils in eine Schüssel umfüllen.
6. Mixtopf leeren und Garflüssigkeit dabei auffangen.
7. Butter und Mehl in den Mixtopf geben, **2 MIN. 50 SEK./100 °C/STUFE 1** anschwitzen und mit dem Spatel vom Mixtopfboden lösen.
8. 400 g Garflüssigkeit, Gewürzpaste, Zitronensaft, Worcestersauce und Pfeffer zugeben, **3 SEK./STUFE 4** verrühren und **3 MIN. 30 SEK./100 °C/STUFE 2** aufkochen. In dieser Zeit Putenbrustfilets in mundgerechte Stücke schneiden.
9. Fleisch und Sahne in den Mixtopf geben und **2 MIN./100 °C/LINKSLAUF/STUFE 1** vermischen.
10. Mixtopfinhalt in die Schüssel mit dem Gemüse geben, vermischen und zum Reis servieren. Zum Anrichten mit der Petersilie bestreuen.

LINSENEINTOPF MIT WÜRSTCHEN

Fleisch | 15 Minuten | 55 Minuten | 4 Portionen

Zutaten:

1 Möhre
100 g Knollensellerie
½ Porree
2 Zwiebeln
100 g getrocknete Puylinsen
½ Bund Petersilie
400 g Kartoffeln
40 g Speckwürfel
10 g Butter
2 EL Öl (z. B. Kokosöl)
70 g Rotwein
800 g Wasser
2 TL Gewürzpaste (s. Seite 26) oder 1 Gemüsesuppenwürfel
4 Wiener Würstchen
40 g Weißweinessig

1. Möhre und Knollensellerie schälen und in Stücke schneiden. Porree waschen, abtupfen und in Stücke schneiden. Zwiebeln schälen und halbieren. Linsen in einem Sieb abspülen. Petersilie waschen, trocken tupfen und die Blätter abzupfen. Kartoffeln schälen und in Stücke schneiden.
2. Petersilie in den Mixtopf geben, **3 SEK./STUFE 8** zerkleinern und umfüllen.
3. Möhren, Sellerie und Porree in den Mixtopf geben, **5 SEK./STUFE 5** zerkleinern und umfüllen.
4. Zwiebeln in den Mixtopf geben, **5 SEK./STUFE 5** zerkleinern und mit dem Spatel nach unten schieben.
5. Speckwürfel, Butter und Öl zugeben und **3 MIN./120 °C/LINKSLAUF/STUFE 1** dünsten.
6. Möhren, Sellerie und Porree zugeben und **2 MIN./120 °C/LINKSLAUF/STUFE 1** dünsten.
7. Linsen und Wein zugeben und **7 MIN./100 °C/LINKSLAUF/STUFE 1** garen.
8. Kartoffeln, Wasser und Gewürzpaste zugeben und **24 MIN./100 °C/LINKSLAUF/STUFE 1** garen.
9. In der Zwischenzeit die Würstchen in Scheiben schneiden.
10. Wurststücke, Essig und zerkleinerte Petersilie in den Mixtopf geben, **1 MIN./100 °C/LINKSLAUF/STUFE 1** garen und servieren.

Herzliches Joghurthühnchen

Fleisch | 20 Minuten | 40 Minuten | 4 Portionen

Zutaten:

2 Zwiebeln
2 Knoblauchzehen
20 g frischer Ingwer
6 Stängel Koriander
300 g Zucchini
500 g Hähnchenbrustfilets
40 g Öl (z. B. Kokosöl)
1 EL gemahlener Koriander
1 EL mildes Currypulver
½ TL gemahlener Kümmel
2 TL Salz (oder Kräutersalz, s. Seite 28)
50 g Tomatenmark
700 g Joghurt

1. Zwiebeln schälen und halbieren. Knoblauch schälen. Ingwer schälen und in dünne Scheiben schneiden. Koriander waschen, trocken tupfen und die Blätter abzupfen. Zucchini waschen und in ca. 2 cm große Würfel schneiden. Hähnchenbrustfilets mit kaltem Wasser gut abwaschen, abtupfen und in ca. 2 cm große Würfel schneiden.
2. Zwiebeln, Knoblauch, Korianderblätter und Öl in den Mixtopf geben, **5 SEK./STUFE 5** zerkleinern und mit dem Spatel nach unten schieben.
3. Korianderpulver, Currypulver, Kümmel und Salz zugeben und **3 MIN./120 °C/STUFE 1** dünsten.
4. Tomatenmark, 500 g Joghurt, Hähnchen und Zucchini zugeben, **15 MIN./100 °C/LINKSLAUF/STUFE 1** fertig garen.
5. Das Gericht auf 4 tiefen Tellern anrichten und den Rest des Joghurts in Form eines kleinen Herzens auf jeden Teller geben.

TIPP:

Zum Joghurthuhn schmecken Reis, Gnocchi oder Brot als Beilage besonders gut.

SZEGEDINER GULASCH MIT SALZKARTOFFELN

Fleisch | 25 Minuten | 80 Minuten | 4 Portionen

Zutaten:

2 Zwiebeln
700 g Kartoffeln
600 g Schweinefleisch (z. B. von der Schulter)
50 g saure Sahne
1 TL Speisestärke
20 g Öl (z. B. Kokosöl)
20 g Tomatenmark
1 TL Zucker
1 EL Paprikapulver
500 g Sauerkraut
80 g Weißwein
370 g Wasser
2 TL Salz (oder Kräutersalz, s. Seite 28)
1 getrocknetes Lorbeerblatt
1 EL Petersilie, fein gehackt

1. Zwiebeln schälen und halbieren. Kartoffeln schälen und in ca. 3 cm große Stücke schneiden. Schweinefleisch mit kaltem Wasser gut abwaschen, trocken tupfen und in ca. 3 cm große Würfel schneiden. Saure Sahne mit Speisestärke in einer kleinen Schüssel gut verrühren.
2. 200 g Kartoffeln und Zwiebeln in den Mixtopf geben, **4 SEK./STUFE 5** zerkleinern und mit dem Spatel nach unten schieben.
3. Öl, Tomatenmark, Zucker und Paprikapulver zugeben und **5 MIN./120 °C/STUFE 1** dünsten.
4. Fleischwürfel, Sauerkraut, Wein, Wasser, Salz und das Lorbeerblatt zugeben und **20 MIN./100 °C/LINKSLAUF/STUFE 1** dünsten.
5. Die restlichen Kartoffeln im Varoma-Behälter verteilen. Varoma aufsetzen, verschließen und **23 MIN./VAROMA/LINKSLAUF/STUFE 1** garen.
6. Varoma beiseitestellen. Saure-Sahne-Stärke-Mischung zugeben, Varoma wieder aufsetzen und **5 MIN./VAROMA/LINKSLAUF/STUFE 1** kochen. Lorbeerblatt entfernen.
7. Szegediner Gulasch mit den gegarten Kartoffeln und Petersilie bestreut servieren.

TIPP:

Dieses Rezept ist eine kinderfreundliche Variante des Gerichts, da es mild ist. Wer es scharf mag, kann etwas Cayennepfeffer, Chili oder scharfes Paprikapulver hinzufügen – oder das Gericht direkt auf dem Teller mit Chilipulver oder Chilipaste würzen. So bleibt das Gericht für jeden Geschmack perfekt.

Schweinsgeschnetzeltes nach Jäger Art

Fleisch | 15 Minuten | 40 Minuten | 4 Portionen

Zutaten:

2 Zwiebeln
½ Bund Petersilie
400 g Schweinefilets
300 g frische Pilze
20 g Öl (z. B. Kokosöl)
250 g Wasser
1 TL Gewürzpaste (s. Seite 26) oder ½ Gemüsesuppenwürfel
1 getrocknetes Lorbeerblatt
400 g Spätzle (aus der Kühltheke)
120 g Sahne
1 EL Mehl
1 TL Salz (oder Kräutersalz, s. Seite 28)
3 Prisen Pfeffer
1 Prise Zucker
½ TL Paprikapulver
½ TL Zitronensaft

1. Zwiebeln schälen und halbieren. Petersilie waschen, abtupfen und abzupfen. Schweinefilets mit kaltem Wasser gut abwaschen, trocken tupfen und in ca. 1 cm große Streifen schneiden. Pilze putzen und je nach Größe halbieren oder vierteln.
2. Petersilie in den Mixtopf geben, **3 SEK./STUFE 8** zerkleinern und umfüllen.
3. Zwiebeln in den Mixtopf geben, **3 SEK./STUFE 5** zerkleinern und mit dem Spatel nach unten schieben.
4. Öl zugeben und **3 MIN./120 °C/STUFE 1** dünsten.
5. Schweinefiletstreifen zugeben und **5 MIN./120 °C/LINKSLAUF/STUFE RÜHREN** dünsten. Schweinefiletstreifen aus dem Mixtopf nehmen und in einer Schüssel beiseitestellen.
6. Wasser, Gewürzpaste und Lorbeerblatt in den Mixtopf zugeben. Varoma-Behälter aufsetzen und Spätzle einwiegen. Varoma-Einlegeboden einsetzen und Pilze einwiegen. Varoma verschließen und **10 MIN./VAROMA/LINKSLAUF/STUFE 1** garen.
7. Varoma zur Seite stellen. Sahne, Mehl, zerkleinerte Petersilie, Salz, Pfeffer, Zucker, Paprikapulver und Zitronensaft in den Mixtopf zugeben und **2 SEK./LINKSLAUF/STUFE 4** verrühren.
8. Filetstreifen und Pilze zugeben, **4 MIN./100 °C/LINKSLAUF/STUFE RÜHREN** erwärmen. Lorbeerblatt entfernen.
9. Schweinsgeschnetzeltes zusammen mit den Spätzle servieren.

LUSTIGER GNOCCHI-SALAMI-TOPF

Fleisch | 10 Minuten | 30 Minuten | 4 Portionen

Zutaten:

1 Zwiebel
1 Knoblauchzehe
1 gelbe Paprikaschote
100 g Champignons
150 g Salami, in dünne Scheiben geschnitten
1 Dose Mais
400 g Wasser
2 TL Gewürzpaste (s. Seite 26) oder 1 Gemüsesuppenwürfel
200 g Frischkäse
½ TL Salz (oder Kräutersalz, s. Seite 28)
2 Prisen Pfeffer
1 Dose stückige Tomaten
500 g Gnocchi (aus dem Kühlregal)
8 Olivenscheiben
8 Mini-Mozzarella-Kugeln
4 Basilikumblätter

1. Zwiebel schälen und halbieren. Knoblauch schälen. Paprika waschen, entkernen und in ca. 2 cm große Stücke schneiden. Champignons putzen und vierteln. Salami in Streifen schneiden. Mais abtropfen.
2. Zwiebel und Knoblauch in den Mixtopf geben, **5 SEK./STUFE 5** zerkleinern und mit dem Spatel nach unten schieben.
3. Wasser, Gewürzpaste, Frischkäse, Salz und Pfeffer zugeben und **5 MIN./100 °C/STUFE 1** erwärmen.
4. Tomaten, Paprika, Mais und Champignons zugeben und weitere **10 MIN./95 °C/LINKSLAUF/STUFE 2** garen.
5. Gnocchi und Salamistreifen zugeben und **2 MIN./90 °C/LINKSLAUF/STUFE 1** erhitzen.
6. Das Gericht auf 4 Tellern aufteilen und auf jedem Teller zwei dekorative Augen anrichten, indem Sie eine Olivenscheibe auf eine Mini-Mozzarella-Kugel legen und diese jeweils auf ein Basilikumblatt setzen.

STERNTALER SCHNITZELTOPF MIT SPÄTZLE UND GEMÜSE

Fleisch | 25 Minuten | 60 Minuten | 4 Portionen

Zutaten:

1 Zwiebel
700 g gemischtes Gemüse (z. B. Paprikaschoten, Zucchini)
500 g Schweinsschnitzel
1 EL Salz (oder Kräutersalz, s. Seite 28)
500 g Spätzle (aus dem Kühlregal)
25 g Öl (z. B. Kokosöl)
350 g Wasser
1 TL Gewürzpaste (s. Seite 26) oder ½ Gemüsesuppenwürfel
1 TL Paprikapulver
3 Prisen Pfeffer
¼ TL Muskat
15 g Sojasauce
1 TL getrockneter Majoran
50 g Tomatenmark
1 Möhre
100 g Schmand

1. Zwiebel schälen und halbieren. Gemüse waschen und in mundgerechte Stücke schneiden. Schweinsschnitzel mit kaltem Wasser gut waschen und trocken tupfen. Fleisch in ca. 2 cm große Würfel schneiden.
2. Varoma-Behälter aufsetzen, Gemüse (außer Zwiebel) in den Varoma-Behälter einwiegen und mit dem Salz würzen. Varoma-Einlegeboden einsetzen, Spätzle einwiegen, Varoma verschließen und zur Seite stellen.
3. Zwiebel in den Mixtopf geben, **3 SEK./STUFE 5** zerkleinern und mit dem Spatel nach unten schieben.
4. Öl zugeben und **3 MIN./120 °C/STUFE 2** dünsten.
5. Schnitzelfleisch zugeben und **5 MIN./120 °C/LINKSLAUF/STUFE RÜHREN** dünsten.
6. Wasser, Gewürzpaste, Paprikapulver, Pfeffer, Muskat, Sojasauce, Majoran und Tomatenmark zugeben und **5 MIN./VAROMA/LINKSLAUF/STUFE RÜHREN** garen.
7. Varoma mit Gemüse und Spätzle aufsetzen und **20 MIN./VAROMA/LINKSLAUF/STUFE RÜHREN** garen.
8. In der Zwischenzeit können Sie die Dekoration vorbereiten: Möhre schälen, in dünne Scheiben schneiden und 16 Sterne ausschneiden oder mit einem kleinen Plätzchenausstecher ausstechen.
9. Varoma zur Seite stellen, Schmand in den Mixtopf zugeben, **5 SEK./LINKSLAUF/STUFE 3** einrühren.
10. Schnitzeltopf mit Gemüse und Spätzle anrichten und mit den Sternen garnieren.

Hackfleischrisotto

Fleisch | 15 Minuten | 50 Minuten | 4 Portionen

Zutaten:

100 g Parmesan
1 Zwiebel
1 Möhre
1 Paprikaschote
200 g Rinderhackfleisch
2 EL Öl (z. B. Kokosöl)
250 g Risottoreis
650 g Wasser
1 TL Gewürzpaste (s. Seite 26) oder ½ Gemüsesuppenwürfel
300 g passierte Tomaten
1 getrocknetes Lorbeerblatt
1 TL Salz (oder Kräutersalz, s. Seite 28)
3 Prisen Pfeffer
15 g Butter

1. Parmesan in Stücke schneiden. Zwiebel schälen und halbieren. Möhre schälen und in Stücke schneiden. Paprika waschen, entkernen und in Stücke schneiden.
2. Parmesan in den Mixtopf geben, **10 SEK./STUFE 10** zerkleinern und umfüllen. Mixtopf spülen.
3. Hackfleisch und 1 EL Öl in den Mixtopf geben, **4 MIN. 30 SEK./120 °C/LINKSLAUF/STUFE RÜHREN** dünsten und umfüllen.
4. Möhre, Paprika und Zwiebel in den Mixtopf geben, **3 SEK./STUFE 5** zerkleinern und mit dem Spatel nach unten schieben.
5. 1 EL Öl zugeben und **2 MIN./120 °C/LINKSLAUF/STUFE 1** dünsten.
6. Reis zugeben und **3 MIN./100 °C/LINKSLAUF/STUFE 1** dünsten.
7. Wasser, Gewürzpaste, Tomaten, Lorbeerblatt, Salz und Pfeffer zugeben, mit dem Spatel über den Mixtopfboden rühren, um den Reis zu lösen, und **22 MIN./100 °C/LINKSLAUF/STUFE RÜHREN** garen.
8. Lorbeerblatt entfernen, gedünstetes Hackfleisch, 30 g geriebenen Parmesan und Butter zugeben und mithilfe des Spatels unterrühren. Sofort servieren und den restlichen Parmesan dazu reichen.

RIPPCHEN MIT SAUERKRAUT

Fleisch | 10 Minuten | 90 Minuten | 4 Portionen

Zutaten:

2 Zwiebeln
1 kg Schweinerippchen (Kasseler, gepökelt und geräuchert)
6 Wacholderbeeren
700 g Wasser und etwas mehr für die Kartoffeln
800 g Kartoffeln
2 TL Salz (oder Kräutersalz, s. Seite 28)
20 g Öl (z. B. Kokosöl)
15 g Zucker
2 getrocknete Lorbeerblätter
1 TL Gewürzpaste (s. Seite 26) oder ½ Gemüsesuppenwürfel
150 g Schmand
1 Packung Sauerkraut (mit Flüssigkeit)
2 EL Schnittlauchringe

1. Zwiebeln schälen. Rippchen zwischen den Knochen zerschneiden. Wacholderbeeren andrücken (z. B. mit einem Buttermesser).
2. 700 g Wasser in den Mixtopf geben, Varoma-Behälter aufsetzen, den **RÜHRAUFSATZ** in den Varoma-Behälter legen (damit Dampfschlitze frei bleiben), Rippchen hineinlegen, Varoma verschließen und **35 MIN./VAROMA/STUFE 1** garen.
3. In dieser Zeit die Kartoffeln schälen, nach Belieben in Stücke schneiden und in kaltes Wasser legen.
4. Varoma absetzen, Gareinsatz einsetzen, Kartoffeln in den Gareinsatz geben und mit ½ TL Salz würzen. Varoma aufsetzen und **25 MIN./VAROMA/STUFE 1** garen.
5. Varoma absetzen, Gareinsatz mithilfe des Spatels entnehmen, Kartoffeln umfüllen und warm stellen. Garflüssigkeit aus dem Mixtopf in eine Schüssel gießen.
6. Zwiebeln in den Mixtopf geben, **5 SEK./STUFE 5** zerkleinern und mit dem Spatel nach unten schieben.
7. Öl zugeben und **3 MIN./120 °C/STUFE 1** dünsten.
8. Zucker zugeben und **1 MIN./120 °C/STUFE 1** schmelzen.
9. 100 g Garflüssigkeit, Wacholderbeeren, Lorbeerblätter, Gewürzpaste, 1½ TL Salz, Schmand und Sauerkraut zugeben, Varoma aufsetzen und **15 MIN./100 °C/LINKSLAUF/STUFE 1** garen.
10. Rippchen mit Sauerkraut und Kartoffeln anrichten und mit Schnittlauchringen bestreut servieren.

INDISCHES BUTTER-CHICKEN

Fleisch | 15 Minuten | 50 Minuten | 4 Portionen

Zutaten:

500 g Hähnchenbrust
2 Zwiebeln
10 g frischer Ingwer
1 Stängel Koriander
2 Knoblauchzehen
100 g Tikka-Paste
40 g Ghee
1 TL Salz (oder Kräutersalz, s. Seite 28)
2 TL gemahlener Kümmel
2 TL gemahlener Koriander
½ TL gemahlener Kurkuma
100 g Wasser
50 g Tomatenmark
500 g Sahne
2 EL Petersilie, fein gehackt

1. Hähnchenbrust mit kaltem Wasser gut abwaschen und in 3 cm große Würfel schneiden. Zwiebeln schälen und halbieren. Ingwer schälen und in ca. 2 mm dünne Scheiben schneiden. Koriander waschen, trocken tupfen und abzupfen. Knoblauch schälen.
2. Eine Schüssel auf den Mixtopfdeckel stellen, Hähnchenbrust und Tikka-Paste einwiegen, gut verrühren und zur Seite stellen.
3. Ghee in den Mixtopf geben und **1 MIN./VAROMA/STUFE 1** erhitzen.
4. Zwiebeln, Ingwer, frischen Koriander und Knoblauch zugeben, **10 SEK./STUFE 5** zerkleinern und mit dem Spatel nach unten schieben.
5. Zwiebelmischung **5 MIN./VAROMA/STUFE 2** dünsten.
6. Salz, Kümmel, gemahlenen Koriander und Kurkuma zugeben und **3 MIN./VAROMA/STUFE 2** dünsten.
7. Wasser zugeben und **5 MIN./VAROMA/STUFE 1** kochen.
8. Marinierte Hähnchenbrust, Tomatenmark und Sahne zugeben und **20 MIN./100 °C/LINKSLAUF/STUFE RÜHREN** kochen.
9. Auf 4 Teller aufteilen und mit Petersilie bestreut servieren.

TIPP:

Dieses Gericht wird gerne mit Fladenbrot oder mit Reis als Beilage gegessen.

GEFÜLLTE PAPRIKA MIT TOMATENSAUCE

Fleisch | 20 Minuten | 60 Minuten | 4 Portionen

Zutaten:

1 Zwiebel
1 Knoblauchzehe
2 Scheiben Toastbrot
4 Paprikaschoten
300 g Rinderhackfleisch
20 g Senf
2 TL Salz (oder Kräutersalz, s. Seite 28)
1 TL Paprikapulver
6 Prisen Pfeffer
1 Ei
1200 g Wasser
2 TL Gewürzpaste (s. Seite 26) oder 1 Gemüsesuppenwürfel
250 g Reis
40 g Butter
40 g Mehl
500 g passierte Tomaten
30 g Tomatenmark
1 TL Zucker
1 TL Zitronensaft

1. Zwiebel schälen und halbieren. Knoblauch schälen. Toastbrot vierteln. Paprika waschen, abtupfen, Deckel mit Stiel abschneiden und entkernen.
2. Zwiebel und Knoblauch in den Mixtopf geben und **3 SEK./STUFE 5** zerkleinern.
3. Rinderhackfleisch, Toastbrot, Senf, 1 TL Salz, Paprikapulver, 3 Prisen Pfeffer und Ei zugeben und **TEIG KNETMODUS/1 MIN. 30 SEK.** vermischen. Paprika mit der Hackfleischmischung füllen, Paprikadeckel aufsetzen und gefüllte Paprika in den Varoma-Behälter stellen.
4. Wasser und Gewürzpaste in den Mixtopf geben, Gareinsatz einhängen, Reis einwiegen, Varoma aufsetzen und **30 MIN./VAROMA/STUFE 1** garen. Varoma zur Seite stellen, Gareinsatz mithilfe des Spatels herausnehmen. Reis und gefüllte Paprikaschoten umfüllen und warm stellen. Mixtopf leeren und Garflüssigkeit dabei auffangen.
5. Für die Tomatensauce Butter und Mehl in den Mixtopf geben und **3 MIN./100 °C/STUFE 2** dünsten.
6. 200 g Garflüssigkeit, passierte Tomaten, Tomatenmark, 1 TL Salz, 3 Prisen Pfeffer, Zucker und Zitronensaft zugeben und **5 MIN./100 °C/STUFE 3** aufkochen.
7. Tomatensauce und Reis zu den gefüllten Paprika servieren.

TIPP:

Statt Rinderhackfleisch kann auch Lammhackfleisch oder eine Mischung aus Schweine- und Rinderhackfleisch verwendet werden.

BEEF STROGANOFF

Fleisch | 25 Minuten | 55 Minuten | 4 Portionen

Zutaten:

700 g Rindslungenbraten
200 g frische Champignons
½ Bund Petersilie
2 Zwiebeln
100 g Essiggurken
20 g Butter
1 TL Tomatenmark
3 EL Öl (z. B. Rapsöl)
1 TL Paprikapulver
200 g Wasser
10 g Speisestärke
1 TL Salz (oder Kräutersalz, s. Seite 28)

1. Rindslungenbraten mit kaltem Wasser waschen, abtupfen, in 1 cm dicke Scheiben schneiden und halbieren. Champignons putzen und vierteln. Petersilie waschen, abtupfen und abzupfen. Zwiebeln schälen und halbieren. Essiggurken in Stücke schneiden.
2. Eine Schüssel auf den Mixtopfdeckel stellen, Rindslungenbraten und Champignons einwiegen und zur Seite stellen.
3. Petersilie in den Mixtopf geben, **5 SEK./STUFE 7** zerkleinern, in eine Schüssel umfüllen und zur Seite stellen.
4. Zwiebeln in den Mixtopf geben, **5 SEK./STUFE 5** zerkleinern und mit dem Spatel nach unten schieben.
5. Butter und Tomatenmark zugeben und **4 MIN./120 °C/ STUFE 2** dünsten.

3 Prisen Pfeffer
1 TL Gewürzpaste (s. Seite 26) oder ½ Gemüsesuppenwürfel
100 g saure Sahne

6. Öl mit Paprikapulver in einer Schüssel vermischen. Rindslungenbraten und Champignons darin vermengen und im Varoma-Behälter und -Einlegeboden verteilen. Dabei darauf achten, dass genügend Garschlitze frei bleiben. Varoma-Einlegeboden einsetzen, Varoma verschließen und zur Seite stellen.
7. Wasser, Stärke, Salz, Pfeffer und Gewürzpaste in den Mixtopf zugeben und **5 MIN./100 °C/STUFE 2** kochen.
8. Varoma aufsetzen und **15 MIN./VAROMA/STUFE 2** garen. Varoma abnehmen und zur Seite stellen.
9. Messbecher einsetzen und Sauce **10 SEK./STUFE 5–10 SCHRITTWEISE ANSTEIGEND** pürieren und in eine Schüssel umfüllen.
10. Saure Sahne und Essiggurken in den Mixtopf geben, **3 SEK./STUFE 5** zerkleinern und mit dem Spatel nach unten schieben.
11. Pürierte Sauce, gegarten Rindslungenbraten und Champignons zugeben und **4 MIN./98 °C/LINKSLAUF/STUFE 1** erhitzen.
12. Beef Stroganoff portionsweise auf Tellern anrichten und mit zerkleinerter Petersilie garniert servieren.

TIPPS:

Legen Sie zuerst die Champignons in den Varoma-Behälter und darauf dann das Fleisch. So bleiben ausreichend Schlitze für die Dampfzirkulation frei.

Spätzle oder Bandnudeln passen sehr gut als Beilage.

SERBISCHES BOHNENGULASCH MIT CABANOSSI

Fleisch | 15 Minuten | 60 Minuten | 4 Portionen

Zutaten:

1 Zwiebel
1 Knoblauchzehe
250 g Kartoffeln
1 Porree
150 g Cabanossi
1 Dose Kidneybohnen
1 Dose Mais
10 g Öl (z. B. Kokosöl)
½ TL getrockneter Majoran
1 Dose geschälte Tomaten
300 g Wasser
2 TL Gewürzpaste (s. Seite 26) oder 1 Gemüsesuppenwürfel
2 Prisen Pfeffer
8 TL saure Sahne

1. Zwiebel schälen und halbieren. Knoblauch schälen. Kartoffeln schälen und würfeln. Porree waschen, abtupfen und in ca. 5 mm dünne Ringe schneiden. Cabanossi ebenfalls in dünne Scheiben schneiden. Bohnen und Mais in einem Sieb gut auswaschen und abtropfen lassen.
2. Zwiebel und Knoblauch in den Mixtopf geben und **3 SEK./STUFE 5** zerkleinern.
3. Kartoffeln, Öl und Majoran zugeben und **3 MIN./120 °C/LINKSLAUF/STUFE 1** dünsten.
4. Tomaten, Wasser und Gewürzpaste zugeben und **25 MIN./100 °C/LINKSLAUF/STUFE 1** kochen.
5. Porree und Cabanossi zugeben und **10 MIN./100 °C/LINKSLAUF/STUFE 1** weiterkochen.
6. Bohnen und Pfeffer zugeben, mit dem Spatel durchmischen und nochmals **5 MIN./100 °C/LINKSLAUF/STUFE RÜHREN** erhitzen.
7. Das Gericht auf 4 Teller aufteilen und ein Saure-Sahne-Herz darauf dekorieren, indem Sie einfach zwei kleine Tupfen saure Sahne nebeneinander auf dem Gulasch platzieren, sodass sie zusammen die Form eines Herzens ergeben.

TIPPS:

Die typische Cabanossi hat in der Regel einen Durchmesser von etwa 1-2 Zentimetern. Je nach persönlicher Vorliebe können dünnere oder auch dickere (größere) Varianten verwendet werden.

Zitronen-Hähnchen-Pasta mit Brokkoli

Fleisch | 15 Minuten | 45 Minuten | 4 Portionen

Zutaten:

400 g Hähnchenbrustfilets (ohne Haut)
1 Zitrone
50 g Parmesan
300 g Brokkoli
20 g Olivenöl
1 ½ TL Salz (oder Kräutersalz, s. Seite 28)
½ TL Pfeffer
½ TL Paprikapulver
1000 g Wasser
2 TL Gewürzpaste (s. Seite 26) oder 1 Gemüsesuppenwürfel
350 g Nudeln (z. B. Tagliatelle)

1. Hähnchenbrustfilets mit kaltem Wasser abwaschen, trocken tupfen und in 2 cm große Würfel schneiden. Zitronenschale dünn abreiben und Saft auspressen. Parmesan in Stücke schneiden. Brokkoli waschen und in Röschen schneiden. Den Strunk vom Brokkoli schälen und in 1 cm dicke Scheiben schneiden.
2. Eine Schüssel (Fassungsvermögen ca. 1 l) auf den Mixtopf stellen und Öl und Hähnchenwürfel einwiegen. Schüssel absetzen, Zitronenabrieb, Zitronensaft, ½ TL Salz, Pfeffer und Paprikapulver zugeben, alles vermischen und abgedeckt 10 Minuten marinieren.
3. Parmesan in den Mixtopf geben, **6 SEK./STUFE 10** zerkleinern und umfüllen.
4. Wasser, 1 TL Salz und Gewürzpaste in den Mixtopf geben, Varoma-Behälter aufsetzen, mariniertes Hähnchen darin verteilen, Varoma verschließen und **10 MIN./VAROMA/STUFE 1** garen. Varoma absetzen.
5. Nudeln und Brokkoli in den Mixtopf zugeben, Varoma wieder aufsetzen und **ZEIT GEMÄSS PACKUNGSANGABE/VAROMA/LINKSLAUF/STUFE 1** garen.
6. Varoma absetzen. Hähnchenfleisch, Nudeln und Brokkoli in eine große Schüssel geben und mit dem Spatel vermischen. Mit zerkleinertem Parmesan bestreut servieren.

Tipp:

Wenn die Nudeln zu lang sind, können sie gebrochen werden, bevor sie zum Kochen in den Mixtopf gegeben werden.

RINDERRAGOUT MIT KARTOFFEL-PÜREE-FREUNDEN

Fleisch | 20 Minuten | 135 Minuten | 4 Portionen

Zutaten:

600 g Kartoffeln
230 g Milch
2 TL Salz (oder Kräutersalz, s. Seite 28)
570 g Rinderragout (sehnenfrei)
1 Zwiebel
2 Knoblauchzehen
60 g Möhren
60 g Staudensellerie
60 g Pastinaken
80 g Champignons
20 g Butter
20 g Worcestersauce
½ TL Pfeffer
20 g Öl (z. B. Kokosöl)
15 g Mehl
2 EL Tomatenmark
1 TL Gewürzpaste (s. Seite 26) oder ½ Gemüsesuppenwürfel
350 g Wasser
80 g TK-Mais
80 g TK-Erbsen und 8 Erbsen (aufgetaut) für die Dekoration

1. Kartoffeln schälen und in 2 cm große Würfel schneiden.
2. **RÜHRAUFSATZ EINSETZEN**. Kartoffeln, Milch und 1 TL Salz in den Mixtopf geben und **30 MIN./90 °C/STUFE 1** garen.
3. In dieser Zeit Rinderragout mit kaltem Wasser abwaschen, trocken tupfen und in ca. 2 cm große Würfel schneiden. Zwiebel schälen und halbieren. Knoblauch schälen. Möhre schälen, Staudensellerie waschen und beides in 1 cm große Stücke schneiden. Pastinaken schälen und ebenfalls in 1 cm große Stücke schneiden. Champignons putzen und je nach Größe halbieren oder vierteln.
4. Wenn die Garzeit zu Ende ist: Butter zugeben, **30 SEK./STUFE 2** vermischen, **RÜHRAUFSATZ ENTFERNEN**, Kartoffelbrei in eine Schüssel umfüllen, abdecken und warmhalten. Mixtopf spülen.
5. Eine Schüssel auf den Mixtopfdeckel stellen, Rindfleisch einwiegen, Worcestersauce, 1 TL Salz und Pfeffer zugeben und vermischen.
6. Zwiebel, Knoblauch und Öl in den Mixtopf geben, **3 SEK./STUFE 5** zerkleinern und mit dem Spatel nach unten schieben. Dann **2 MIN./120 °C/STUFE 1** dünsten.
7. Mariniertes Rindfleisch, Möhren, Sellerie und Pastinaken zugeben und **3 MIN./100 °C/LINKSLAUF/STUFE RÜHREN** dünsten.
8. Mehl, Tomatenmark, Gewürzpaste und Wasser zugeben und **60 MIN./100 °C/LINKSLAUF/STUFE RÜHREN** garen. Mais, Erbsen und Champignons zugeben und **20 MIN./100 °C/LINKSLAUF/STUFE RÜHREN** garen.
9. Das Rinderragout auf 4 tiefe Teller verteilen. Kartoffelpüree in Form von hohen Türmchen auf jedes Ragout geben und mit je zwei Erbsen als Augen dekorieren.

RUCK, ZUCK SCHINKEN-PASTA

Fleisch | 10 Minuten | 35 Minuten | 4 Portionen

Zutaten:

200 g Schinken (gekocht)
500 g Wasser
400 g Milch
2 TL Gewürzpaste (s. Seite 26) oder 1 Gemüsesuppenwürfel
400 g Nudeln (z. B. Penne)
200 g TK-Blattspinat (portionierbar)
200 g Frischkäse
1 TL Salz (oder Kräutersalz, s. Seite 28)
3 Prisen Muskat
3 Prisen Pfeffer

1. Schinken zuerst in Scheiben und dann in Würfel schneiden.
2. Schinken zusammen mit Wasser, Milch, Gewürzpaste, Nudeln, Spinat, Frischkäse, Salz, Muskat und Pfeffer in den Mixtopf geben und **23 MIN./95 °C/LINKSLAUF/STUFE 1** kochen.
3. Nudeln abschmecken, auf 4 Teller verteilen und heiß servieren.

LACHS-RISOTTO

Fisch | 10 Minuten | 30 Minuten | 4 Portionen

Zutaten:

40 g Parmesan
1 Zwiebel
2 Stängel Dill
350 g Lachsfilet (frisch, ohne Haut)
20 g Öl (z. B. Olivenöl)
320 g Risottoreis
100 g Weißwein
700 g Wasser
1 TL Gewürzpaste (s. Basisrezept Seite 26) oder ½ Gemüsesuppenwürfel
1 TL Salz (oder Kräutersalz, s. Seite 28)
1 TL Pfeffer
1 EL Zitronenschale, gerieben
30 g Butter

1. Parmesan in Stücke schneiden. Zwiebel schälen und halbieren. Dill waschen, trocken tupfen und abzupfen. Fisch waschen, abtupfen, evtl. entgräten und in ca. 3 cm große Stücke schneiden.
2. Parmesan in den Mixtopf geben, **10 SEK./STUFE 10** zerkleinern und umfüllen.
3. Zwiebel in den Mixtopf geben, **5 SEK./STUFE 5** zerkleinern und mit dem Spatel nach unten schieben.
4. Öl zugeben und **3 MIN./120 °C/STUFE 1** dünsten.
5. Risottoreis dazugeben, **3 MIN./120 °C/LINKSLAUF/STUFE 1** andünsten und mit dem Spatel einmal über den Mixtopfboden rühren.
6. Weißwein zugeben, ohne Messbecher **1 MIN./100 °C/LINKSLAUF/STUFE 1** einkochen und mit dem Spatel den Reis vom Mixtopfboden lösen.
7. Wasser, Gewürzpaste, Salz, Pfeffer, Zitronenabrieb und Lachs zugeben und **12–13 MIN./100 °C/LINKSLAUF/STUFE 1** garen.
8. Butter und zerkleinerten Parmesan zugeben und mit dem Spatel vermischen. Risotto 2 Minuten im Mixtopf nachziehen lassen. Lachs-Risotto mit Dill garniert servieren.

THUNFISCH-PASTA

Fisch | 10 Minuten | 45 Minuten | 4 Portionen

Zutaten:

110 g Parmesan
1 Zwiebel
1 Knoblauchzehe
1 Dose Thunfisch (in Lake)
8 Kirschtomaten
1750 g Wasser
2 ½ TL Salz (oder Kräutersalz, s. Seite 28)
20 g Öl (z. B. Olivenöl)
400 g Nudeln (z. B. Spaghetti)
100 g Sahne
20 g Mehl
20 g Tomatenmark
3 Prisen Pfeffer
1 TL Gewürzpaste (s. Seite 26) oder ½ Gemüsesuppenwürfel

1. Parmesan in Stücke schneiden. Zwiebel schälen und halbieren. Knoblauch schälen. Thunfischdose öffnen und abtropfen lassen. Kirschtomaten waschen und vierteln.
2. 100 g Parmesan in den Mixtopf geben, **10 SEK./STUFE 10** zerkleinern und umfüllen.
3. 1500 g Wasser, 2 TL Salz und 5 g Öl in den Mixtopf geben und **12 MIN./100 °C/STUFE 1** kochen.
4. Nudeln zugeben und **ZEIT GEMÄSS PACKUNGSANGABE/ 100 °C/LINKSLAUF/STUFE 1** bissfest garen. Danach in den Varoma-Behälter abgießen und zur Seite stellen.
5. Zwiebel und Knoblauch in den Mixtopf geben, **3 SEK./ STUFE 5** zerkleinern und mit dem Spatel nach unten schieben.
6. 15 g Öl zugeben und **3 MIN./120 °C/STUFE 1** dünsten.
7. Thunfisch zugeben und **2 MIN./120 °C/STUFE 2** dünsten.
8. Sahne, 250 g Wasser, Mehl, Tomatenmark, ½ TL Salz, Pfeffer und Gewürzpaste zugeben. Varoma mit den Spaghetti zum Warmhalten auf den Mixtopf aufsetzen und **6 MIN./100 °C/ STUFE 2** kochen.
9. Varoma zur Seite stellen. Spaghetti mit Thunfischsauce, Kirschtomaten und mit dem restlichen Parmesan servieren.

GARNELEN-ZITRONEN-SPAGHETTI

Fisch | 10 Minuten | 30 Minuten | 4 Portionen

Zutaten:

1 Zitrone
2 Zwiebeln
400 g Garnelen
1700 g Wasser
1 TL Öl (z. B. Olivenöl)
1 TL Salz (oder Kräutersalz, s. Seite 28)
400 g Nudeln (z. B. Spaghetti)
40 g Butter
200 g Schmand
2 Prisen Pfeffer
1 EL Petersilie, fein gehackt

1. Zitrone waschen, Schale fein abreiben und 4 EL Saft auspressen. Zwiebeln schälen und halbieren. Garnelen waschen, abtupfen, am Rücken einschneiden und Darm entfernen.
2. Wasser, Öl und Salz in den Mixtopf geben und **8 MIN./100 °C/STUFE 1** aufkochen.
3. Nudeln durch die Deckelöffnung in den Mixtopf zugeben und **ZEIT GEMÄSS PACKUNGSANGABE/90 °C/LINKSLAUF/STUFE RÜHREN** bissfest kochen. Danach durch den Varoma-Behälter abgießen und warmstellen.
4. Zwiebeln in den Mixtopf geben, **5 SEK./STUFE 5** zerkleinern und mit dem Spatel nach unten schieben.
5. Butter zugeben und **2 MIN./120 °C/STUFE RÜHREN** dünsten.
6. Schmand, Zitronenabrieb, Zitronensaft, Pfeffer und Garnelen zugeben und **2 MIN./100 °C/STUFE RÜHREN** erwärmen.
7. Sauce mit den Nudeln vermischen und mit Petersilie bestreut servieren.

TIPP:

Wenn die Nudeln zu lang sind, können sie gebrochen werden, bevor sie zum Kochen in den Mixtopf gegeben werden.

SCHNELLE PASTA MIT MOZZARELLA UND LUSTIGEM GEMÜSE

vegetarisch | 10 Minuten | 40 Minuten | 4 Portionen

Zutaten:

1 Zwiebel
3 Knoblauchzehen
700 g Kirschtomaten
70 g Oliven (entkernt)
200 g Feta
70 g getrocknete Tomaten in Öl (abgetropft)
20 g Öl (z. B. von den getrockneten Tomaten)
200 g TK-Erbsen
100 g Mais (aus der Dose)
650 g Wasser
2 TL getrockneter Oregano
1 ½ TL Salz (oder Kräutersalz, s. Seite 28)
300 g Nudeln (z. B. Spirelli)
2 Packungen Mini-Mozzarella
4 TL Petersilie, fein gehackt
optional für die Dekoration: je 8 Scheiben Gurken und Oliven

1. Zwiebel schälen und halbieren. Knoblauch schälen. Kirschtomaten waschen und halbieren.
2. Zwiebel, Knoblauch, Oliven, Feta, getrocknete Tomaten und Öl in den Mixtopf geben, **5 SEK./STUFE 4.5** zerkleinern und mit dem Spatel nach unten schieben.
3. Anschließend **5 MIN./120 °C/STUFE 1** dünsten.
4. 500 g Kirschtomaten, Erbsen, Mais, Wasser, Oregano und Salz zugeben und **12 MIN./100 °C/LINKSLAUF/STUFE 1** kochen.
5. Nudeln zugeben, mit dem Spatel durchmischen und **6 MIN./VAROMA/LINKSLAUF/STUFE 1** kochen.
6. Restliche Kirschtomaten und Mini-Mozzarellakugeln zugeben, mit dem Spatel unterheben und **5 MIN./VAROMA/LINKSLAUF/STUFE 1** weiter kochen lassen. Prüfen, ob die Nudeln al dente sind, und ggf. Kochzeit verlängern.
7. Pasta sofort auf Tellern anrichten und mit Petersilie bestreut servieren.
8. Optional: Zaubern Sie ein lustiges Gesicht auf die Pasta vor dem Servieren. Setzen Sie aus Gurken- und Olivenscheiben die Augen und einen Mund.

TIPP:

One-Pot-Pasta-Gerichte dicken schnell ein, daher am besten rasch servieren.

ORZO-TOPF MIT SPINAT

vegetarisch	20 Minuten	40 Minuten	4 Portionen

Zutaten:

4 Knoblauchzehen
1 Zwiebel
250 g Babyspinat (frisch)
160 g getrocknete Tomaten (in Öl)
2 Dosen weiße Bohnen
1 Zweig Thymian
20 g Öl (z. B. Kokosöl)
2 TL Paprikapulver
1000 g Wasser
1 TL Gewürzpaste (s. Seite 26) oder ½ Gemüsesuppenwürfel
1 TL Salz (oder Kräutersalz, s. Seite 28)
300 g Orzo-Nudeln (griechische Nudeln in Reisform, auch Kritharaki genannt)
200 g Sahne
2 TL Speisestärke
1 EL Zitronensaft
2 Prisen Pfeffer

1. Knoblauch schälen. Zwiebel schälen und halbieren. Babyspinat waschen, abtupfen und in mundgerechte Stücke schneiden. Getrocknete Tomaten abtropfen. Weiße Bohnen in einem Sieb abgießen, abwaschen und abtropfen lassen. Thymian waschen, trocken tupfen und abzupfen.
2. Knoblauch, Zwiebel und Öl in den Mixtopf geben und **5 SEK./STUFE 5** zerkleinern, dann **3 MIN./120 °C/STUFE 1** dünsten.
3. Getrocknete Tomaten, Paprikapulver und Thymian in den Mixtopf zugeben und **3 SEK./STUFE 5** zerkleinern.
4. Wasser, Gewürzpaste und Salz zugeben und **5 SEK./STUFE 5** vermischen.
5. Orzo in den Mixtopf zugeben und **ZEIT GEMÄSS PACKUNGSANGABE/100 °C/LINKSLAUF/STUFE 1** kochen.
6. Sahne und Speisestärke in einer Schüssel verrühren und in den Mixtopf gießen. Bohnen, Spinatstücke, Zitronensaft und Pfeffer ebenfalls zugeben und **5 MIN./100 °C/LINKSLAUF/STUFE 1** erwärmen.
7. Pasta für 5 Minuten ruhen lassen, abschmecken, umfüllen und servieren.

Grüne-Bohnen-Eintopf mit Tofu

vegetarisch | 10 Minuten | 25 Minuten | 4 Portionen

Zutaten:

400 geräucherter Tofu
12 Stängel Basilikumblätter
400 g Möhren
200 g Staudensellerie
1 Zucchini
80 g getrocknete Tomaten (in Öl)
2 Zwiebeln
2 Knoblauchzehen
40 g Haselnüsse
3 TL Zitronenschale, gerieben
4 EL Öl (z. B. Kokosöl)
2 Dosen geschälte Tomaten
800 g Wasser
4 TL Gewürzpaste (s. Seite 26) oder 2 Gemüsesuppenwürfel
3 Prisen Pfeffer
2 TL getrockneter Oregano
300 g grüne TK-Bohnen

1. Tofu in ca. 2 cm große Würfel schneiden. Basilikumblätter waschen, abtupfen, abzupfen und in Streifen schneiden. Möhren schälen und in Stücke schneiden. Staudensellerie schälen und in Stücke schneiden. Zucchini waschen, in Scheiben schneiden und diese vierteln. Getrocknete Tomaten abtropfen lassen. Zwiebeln schälen und halbieren. Knoblauch schälen.
2. Varoma-Einlegeboden mit Backpapier auslegen, sodass die seitlichen Dampfschlitze frei bleiben. Tofu darauf verteilen und in den Varoma-Behälter einsetzen.
3. Basilikumblätter, Haselnüsse und Zitronenabrieb in den Mixtopf geben, **2 SEK./STUFE 8** zerkleinern und umfüllen.
4. Möhren, Staudensellerie, getrocknete Tomaten, Zwiebeln, Knoblauch und 2 EL Öl in den Mixtopf geben und **3 SEK./STUFE 5** zerkleinern. Zucchini hinzufügen und **5 MIN./VAROMA/LINKSLAUF/STUFE RÜHREN** dünsten.
5. Geschälte Tomaten, Wasser, Gewürzpaste, Pfeffer, Oregano und Bohnen in den Mixtopf zugeben. Varoma aufsetzen und **10 MIN./VAROMA/LINKSLAUF/STUFE RÜHREN** garen.
6. Varoma absetzen. Eintopf mit Salz und Pfeffer abschmecken. Tofu darauf verteilen und mit Basilikum bestreut servieren.

KÄSE-PASTA-TOPF

vegetarisch | 10 Minuten | 35 Minuten | 4 Portionen

Zutaten:

100 g Parmesan
1 Zitrone
500 g TK-Blattspinat (aufgetaut)
4 EL Mandeln
1200 g Wasser
2 TL Salz (oder Kräutersalz, s. Seite 28)
400 g Nudeln
200 g Sahne
3 Prisen Pfeffer
1 TL Gewürzpaste (s. Seite 26) oder ½ Gemüsesuppenwürfel
200 g Schmelzkäse
4 EL geriebenen Käse (z. B. Gouda)

1. Parmesan in Stücke schneiden. Zitrone waschen, 2 Streifen von der Schale dünn abschälen und dann die Zitrone auspressen. Aufgetauten Spinat kräftig ausdrücken und abgedeckt beiseitestellen.
2. Parmesan und Zitronenschale in den Mixtopf geben, **10 SEK./STUFE 10** zerkleinern und umfüllen.
3. Mandeln in den Mixtopf geben, **5 SEK./STUFE 6** zerkleinern und umfüllen.
4. Wasser in den Mixtopf geben, **10 MIN./VAROMA/STUFE RÜHREN** aufkochen lassen.
5. 1 TL Salz und Nudeln zugeben und **ZEIT GEMÄSS PACKUNGSANGABE/100 °C/LINKSLAUF/STUFE 1** garen.
6. Nudeln zum Abtropfen in den Varoma-Behälter abgießen, dabei das Nudelwasser auffangen und den Varoma-Behälter abgedeckt beiseitestellen.
7. Sahne, 1 TL Salz, Pfeffer, 50 g Nudelwasser, Gewürzpaste und Schmelzkäse in den Mixtopf geben und **5 MIN./100 °C/STUFE 2** aufkochen.
8. Sauce mit Zitronensaft abschmecken. Parmesan-Zitronenmischung, ausgedrückten Spinat und gekochte Nudeln zugeben und **1 MIN./100 °C/LINKSLAUF/STUFE 1** untermischen.
9. Pasta auf 4 Tellern anrichten und mit Mandeln und geriebenem Käse bestreut servieren.

SÜSSKARTOFFEL-KICHERERBSEN-EINTOPF

vegetarisch | 15 Minuten | 45 Minuten | 4 Portionen

Zutaten:

½ Bund Koriander
1 Zwiebel
2 Knoblauchzehen
400 g Süßkartoffeln
50 g Babyspinat (frisch)
1 rote Paprikaschote
50 g Erdnüsse (geröstet, gesalzen)
20 g Öl (z. B. Kokosöl)
400 g stückige Tomaten
1 TL Gewürzpaste (s. Seite 26) oder ½ Gemüsesuppenwürfel
90 g Erdnusscreme
300 g Wasser
1 TL Salz (oder Kräutersalz, s. Seite 28)
265 g Kichererbsen (aus der Dose)
optional: 4 EL Crème fraîche

1. Koriander waschen, trocken tupfen und abzupfen. Zwiebel schälen und halbieren. Knoblauch schälen. Süßkartoffeln schälen und in ca. 2 cm große Stücke schneiden. Blattspinat waschen und abtupfen. Paprika waschen, entkernen und in ca. 5 mm große Stücke schneiden.
2. Koriander und Erdnüsse in den Mixtopf geben, **3 SEK./STUFE 5** zerkleinern und umfüllen.
3. Zwiebel und Knoblauch in den Mixtopf geben, **3 SEK./STUFE 5** zerkleinern und mit dem Spatel nach unten schieben.
4. Öl zugeben und **3 MIN./120 °C/LINKSLAUF/STUFE 1** dünsten.
5. Paprika, Süßkartoffeln, Tomaten, Gewürzpaste, Erdnusscreme, Wasser und Salz zugeben und **22 MIN./100 °C/LINKSLAUF/STUFE RÜHREN** garen.
6. Kichererbsen und Spinat zugeben, mit dem Spatel verrühren und **5 MIN./100 °C/LINKSLAUF/STUFE RÜHREN** garen.
7. Eintopf abschmecken, mit Koriander-Erdnuss-Mischung bestreuen und auf Tellern anrichten. Nach Belieben mit Crème fraîche servieren.

TIPP:

Anstelle von frischem Babyspinat kann die gleiche Menge tiefgekühlter, aufgetauter Blattspinat verwendet werden.

VEGETARISCHES CHILI MIT GRÜNKERN

vegetarisch | 15 Minuten | 55 Minuten | 4 Portionen

Zutaten:

1 Zwiebel
2 Knoblauchzehen
5 Zweige Thymian
1 rote Paprikaschote
1 Dose Kidneybohnen
1 Dose Mais
130 g Grünkern
20 g Öl (z. B. Kokosöl)
1 TL Salz (oder Kräutersalz, s. Seite 28)
1 Prise Paprikapulver
1 EL Balsamicoessig (hell)
30 g Tomatenmark
500 g Wasser
1 TL Gewürzpaste (s. Seite 26) oder 1 Gemüsesuppenwürfel
500 g passierte Tomaten
4 EL Parmesan, gerieben

1. Zwiebel schälen und halbieren. Knoblauch schälen. Thymian waschen und abzupfen. Paprika waschen, entkernen und in ca. 2 cm große Stücke schneiden. Kidneybohnen und Mais in einem Sieb abtropfen und mit Wasser gut auswaschen.
2. Grünkern in den Mixtopf geben, **5 SEK./STUFE 8** schroten und umfüllen.
3. Zwiebel und Knoblauch in den Mixtopf geben, **3 SEK./STUFE 5** zerkleinern und mit dem Spatel nach unten schieben.
4. Öl zugeben und **3 MIN./120 °C/STUFE 1** dünsten.
5. Grünkernschrot, Salz, Paprikapulver, Thymian, Balsamicoessig, Tomatenmark, Wasser, Gewürzpaste, passierte Tomaten und Paprikawürfel zugeben und **30 MIN./100 °C/LINKSLAUF/STUFE RÜHREN** garen.
6. Kidneybohnen und Mais zugeben, **5 MIN./100 °C/LINKSLAUF/STUFE RÜHREN** erwärmen.
7. Chili auf 4 Teller aufteilen und geriebenen Parmesan dazu reichen.

TIPPS:

Grünkern ist im Handel als ganzes Korn, Schrot, Grieß oder als dunkles Mehl erhältlich. Schrot oder Mehl können Sie mit Ihrem Thermomix® schnell selbst herstellen.

Dieses Rezept ist eine kinderfreundliche Variante des Gerichts, da es mild ist. Wer es scharf mag, kann etwas Cayennepfeffer, Chili oder scharfes Paprikapulver hinzufügen – oder das Gericht direkt auf dem Teller mit Chilipulver oder Chilipaste würzen. So bleibt das Gericht für jeden Geschmack perfekt.

VEGETARISCHES CHILI MIT COUSCOUS

vegetarisch | 15 Minuten | 45 Minuten | 4 Portionen

Zutaten:

140 g Couscous
1 Zwiebel
2 Knoblauchzehen
4 Möhren
400 g Tomaten
250 g Kidneybohnen (aus der Dose)
200 g Mais (aus der Dose)
4 Stängel Koriander
920 g Wasser
30 g Tomatenmark
10 g Öl (z. B. Olivenöl)
2 TL gemahlener Kreuzkümmel
2 TL Gewürzpaste (s. Seite 26) oder 1 Gemüsesuppenwürfel
70 g Sahne
1 TL Salz (oder Kräutersalz, s. Seite 28)
½ TL Pfeffer
25 g Zitronensaft

1. Eine Schüssel auf den Mixtopfdeckel stellen, Couscous einwiegen und zur Seite stellen. Zwiebel schälen und halbieren. Knoblauch schälen. Möhren waschen und in Stücke schneiden. Tomaten waschen, Strunk entfernen und in Stücke schneiden. Kidneybohnen und Mais in einem Sieb gut auswaschen und abtropfen. Koriander waschen, trocken tupfen und abzupfen.
2. 700 g Wasser und Tomatenmark in den Mixtopf geben, **4 MIN./100 °C/STUFE 1** aufkochen, über den Couscous leeren und 20 Minuten quellen lassen. In dieser Zeit mit dem Rezept fortfahren.
3. Zwiebel und Knoblauch in den Mixtopf geben, **5 SEK./STUFE 5** zerkleinern und mit dem Spatel nach unten schieben.
4. Öl zugeben und **3 MIN./120 °C/STUFE 1** dünsten.
5. Möhren und Kreuzkümmel zugeben und **5 MIN./120 °C/LINKSLAUF/STUFE 1** dünsten.
6. Tomaten, 220 g Wasser und Gewürzpaste zugeben und **10 MIN./100 °C/LINKSLAUF/STUFE 1** garen.
7. Couscous mit einer Gabel etwas auflockern. Bohnen, Mais und Couscous in den Mixtopf zugeben und **6 MIN./100 °C/LINKSLAUF/STUFE 1** garen.
8. Sahne, Salz, Pfeffer und Zitronensaft zugeben, mit dem Spatel unterrühren, abschmecken, auf 4 tiefe Teller verteilen und mit Koriander bestreut servieren.

Kartoffelgulasch

vegetarisch | 20 Minuten | 65 Minuten | 4 Portionen

Zutaten:

300 g Zwiebeln
2 Knoblauchzehen
800 g Kartoffeln
1 EL Speisestärke
2 EL kaltes Wasser
20 g Öl (z. B. Kokosöl)
25 g Tomatenmark
20 g Paprikapulver
1 TL ganzer Kümmel
1 TL gemahlener Kümmel
2 EL Majoran
1 getrocknetes Lorbeerblatt
1 TL Zitronenschale, gerieben
50 g Weißwein
700 g Wasser
4 TL Gewürzpaste (s. Seite 26) oder 2 Gemüsesuppenwürfel
4 Prisen Pfeffer
4 EL saure Sahne
4 TL Petersilie, fein gehackt

1. Zwiebeln schälen und halbieren. Knoblauch schälen. Kartoffeln schälen und in ca. 2 cm große Stücke schneiden. Speisestärke und Wasser in einer kleinen Schüssel verrühren.
2. Zwiebeln und Knoblauch in den Mixtopf geben, **5 SEK./STUFE 5** zerkleinern und mit dem Spatel nach unten schieben.
3. Öl zugeben und **5 MIN./100 °C/STUFE 1** dünsten.
4. Tomatenmark, Paprikapulver, Kümmel (ganz und gemahlen), Majoran, Lorbeerblatt und Zitronenabrieb zugeben und **10 MIN./100 °C/STUFE 2** dünsten.
5. Kartoffelstücke, Weißwein, Wasser, Gewürzpaste, Speisestärke-Wasser-Mischung und Pfeffer zugeben und **30 MIN./95 °C/LINKSLAUF/STUFE 1** kochen. Lorbeerblatt entfernen.
6. Kartoffelgulasch in 4 tiefen Tellern anrichten, mit je 1 Esslöffel saurer Sahne verrühren (oder nur aufsetzen) und mit Petersilie bestreut servieren.

Tipps:

Zum Kartoffelgulasch empfiehlt sich eine Beilage aus frischem Schwarzbrot oder Bauernbrot.
Der Geschmack des Kartoffelgulaschs entfaltet sich besonders gut, wenn es einen Tag lang durchzieht.

Blumenkohl-Curry mit Bulgur

vegetarisch | 20 Minuten | 45 Minuten | 4 Portionen

Zutaten:

130 g Zwiebeln
400 g Äpfel
200 g Tomaten
4 Stängel Koriander
400 g Blumenkohlröschen
250 g Bulgur
650 g Wasser
1 TL Gewürzpaste (s. Seite 26) oder ½ Gemüsesuppenwürfel
25 g Öl (z. B. Kokosöl)
2 TL mildes Currypulver
1 Dose Kokosmilch
2 TL Salz (oder Kräutersalz, s. Seite 28)
3 Prisen Pfeffer
100 g Erbsen (frisch oder aufgetaut)
4 TL saure Sahne

1. Zwiebeln schälen und halbieren. Äpfel schälen und vierteln. Tomaten waschen, Strunk entfernen und in Stücke schneiden. Koriander waschen, trocken tupfen und abzupfen. Blumenkohlröschen waschen und abtupfen.
2. Bulgur in eine größere Schüssel geben. 600 g Wasser und Gewürzpaste in den Mixtopf geben, **5 MIN./100 °C/STUFE 1** erhitzen, über den Bulgur gießen, verrühren und quellen lassen.
3. Zwiebeln in den Mixtopf geben, **4 SEK./STUFE 5** zerkleinern und mit dem Spatel nach unten schieben.
4. Öl und Currypulver zugeben und **3 MIN./120 °C/STUFE 2** dünsten.
5. Äpfel zugeben und **5 SEK./STUFE 4.5** zerkleinern.
6. Blumenkohl, 50 g Wasser, Kokosmilch, Salz und Pfeffer zugeben und **8 MIN./100 °C/LINKSLAUF/STUFE RÜHREN** garen.
7. Tomaten und Erbsen zugeben und mit dem Spatel verrühren.
8. Varoma-Behälter in die Spüle stellen und gequollenen Bulgur in den Varoma-Behälter geben. Varoma auf den Mixtopf aufsetzen, **10 MIN./VAROMA/LINKSLAUF/STUFE RÜHREN** garen.
9. Bulgur und Curry in zwei getrennte Schüsseln umfüllen oder alles miteinander vermischen, mit saurer Sahne und Koriander garniert servieren.

TIPP:

Bulgur ist ein vorgekochter Schrot aus Hartweizen, der grob zerkleinert und wieder getrocknet wird. Diese Verarbeitung macht ihn haltbar und leicht zuzubereiten: Er muss nur wenige Minuten in heißem Wasser quellen.

TÜRKISCHES GRÜNE-BOHNEN-GEMÜSE

vegetarisch | 10 Minuten | 35 Minuten | 4 Portionen

Zutaten:

1 Zwiebel
2 Knoblauchzehen
250 g Tomaten
500 g grüne Bohnen
(frisch oder aufgetaut)
20 g Tomatenmark
40 g Olivenöl
1 TL Zucker
1 TL Salz (oder Kräutersalz, s. Seite 28)
½ TL Pfeffer
4 TL Parmesan, gerieben

1. Zwiebel schälen und halbieren. Knoblauch schälen. Tomaten waschen, Strunk entfernen und halbieren. Grüne Bohnen waschen und in ca. 5 cm lange Stücke schneiden.
2. Zwiebel, Knoblauch, Tomatenmark und Öl in den Mixtopf geben, **3 SEK./STUFE 5** zerkleinern und mit dem Spatel nach unten schieben.
3. Dann **3 MIN./120 °C/STUFE 1** dünsten.
4. Tomaten zugeben und **5 SEK./STUFE 4** zerkleinern.
5. Grüne Bohnen, Zucker, Salz und Pfeffer zugeben, **22 MIN./100 °C/LINKSLAUF/STUFE RÜHREN** garen, abschmecken, umfüllen und warm oder kalt servieren und Parmesan dazu reichen.

PASTA MIT SAUERKRAUT UND WEINTRAUBEN

vegetarisch | 10 Minuten | 35 Minuten | 4 Portionen

Zutaten:

4 Zwiebeln
200 g kernlose Weintrauben
3 EL Öl (z. B. Kokosöl)
1000 g Wasser für die Nudeln, gesalzen
400 g Nudeln (z. B. Spirelli)
1 Packung Sauerkraut
½ TL Salz (oder Kräutersalz, s. Seite 28)
1 Prise Pfeffer
4 EL saure Sahne
2 EL Schnittlauchringe

1. Zwiebeln schälen, halbieren und in Streifen schneiden. Trauben waschen und halbieren.
2. Zwiebeln und Öl in den Mixtopf geben, **5 SEK./STUFE 4.5** zerkleinern und mit dem Spatel nach unten schieben.
3. Anschließend **5 MIN./120 °C/STUFE 1** dünsten.
4. Gesalzenes Wasser zugeben und **12 MIN./100 °C/LINKSLAUF/STUFE 1** kochen.
5. Nudeln und Sauerkraut zugeben, mit dem Spatel durchmischen und **ZEIT GEMÄSS PACKUNGSANGABE/VAROMA/LINKSLAUF/STUFE 1** bissfest kochen.
6. Trauben, Salz und Pfeffer untermischen und **5 SEK./STUFE 3** verrühren.
7. Mit saurer Sahne und Schnittlauchringen garniert servieren.

Gnocchi-Spargel-Sonne

vegetarisch | 25 Minuten | 50 Minuten | 4 Portionen

Zutaten:

1 Zwiebel
1 Knoblauchzehe
250 g grünen Spargel
250 g weißen Spargel
50 g getrocknete Tomaten (in Öl)
15 g Speisestärke
50 g kaltes Wasser
60 g Parmesan
3 Stängel Petersilie
1 Zweig Thymian
1 Zitrone
8 Kirschtomaten
300 g Wasser
200 g Sahne
1 TL Gewürzpaste (s. Seite 26) oder ½ Gemüsesuppenwürfel
½ TL Salz (oder Kräutersalz, s. Seite 28)
¼ TL Pfeffer
500 g Gnocchi (aus dem Kühlregal)

1. Zwiebel schälen und halbieren. Knoblauch schälen. Spargel schälen, das holzige Ende abschneiden und in ca. 2 cm große Stücke schneiden. Getrocknete Tomaten abtropfen und in ca. 5 mm breite Streifen schneiden. Speisestärke mit kaltem Wasser in einer kleinen Schüssel verrühren. Parmesan in Stücke schneiden. Petersilie und Thymian waschen, abtupfen und abzupfen. Zitrone waschen, ¼ der Schale fein abreiben und Saft auspressen. Kirschtomaten waschen, abtupfen und vierteln.
2. Parmesan in den Mixtopf geben, **8 SEK./STUFE 10** zerkleinern und umfüllen.
3. Petersilie in den Mixtopf geben, **3 SEK./STUFE 8** zerkleinern und umfüllen.
4. Zwiebel, Knoblauch und Thymian in den Mixtopf geben, **5 SEK./STUFE 5** zerkleinern und mit dem Spatel nach unten schieben.
5. 250 g Wasser, Sahne, Zitronenabrieb, 20 g Zitronensaft, Gewürzpaste, Salz und Pfeffer zugeben. Varoma-Behälter aufsetzen, grünen und weißen Spargel darin verteilen und etwas salzen. Varoma-Einlegeboden einsetzen, Gnocchi darauf verteilen, Varoma verschließen und **20 MIN./VAROMA/STUFE 2** garen.
6. Angerührte Speisestärke und zerkleinerten Parmesan in den Mixtopf zugeben und **3 MIN./VAROMA/STUFE 1** aufkochen. Getrocknete Tomaten und Spargel mithilfe des Spatels unterheben.
7. Gnocchi in Spargel-Rahmsauce auf 4 Teller aufteilen, mit Petersilie bestreuen und 8 Kirschtomatenstücke pro Teller am Rand wie Sonnenstrahlen auflegen.

Kartoffel-Champignons-Eintopf im Brot

vegetarisch | 25 Minuten | 75 Minuten | 4 Portionen

Zutaten:

1 Zwiebel
2 Möhren
250 g Champignons
800 g Kartoffeln
25 g Speisestärke
50 g kaltes Wasser
3 Frühlingszwiebeln
30 g Öl (z. B. Kokosöl)
200 g Schmand
900 g Wasser
2 TL Gewürzpaste (s. Seite 26) oder 1 Gemüsesuppenwürfel
1 TL Salz (oder Kräutersalz, s. Seite 28)
½ TL Pfeffer
½ TL gemahlener Kümmel
1 TL Paprikapulver
kleine Brote (für Brotschüsseln)

1. Zwiebel schälen und halbieren. Möhren schälen und in Stücke schneiden. Champignons putzen und vierteln. Kartoffeln schälen und in 1 cm große Würfel schneiden. Speisestärke mit kaltem Wasser in einer kleinen Schüssel verrühren. Frühlingszwiebeln waschen, abtupfen und in dünne Ringe schneiden.
2. Möhren in den Mixtopf geben, **3 SEK./STUFE 5** zerkleinern und mit dem Spatel nach unten schieben.
3. Öl und Zwiebel zugeben und ohne Messbecher **4 MIN./120 °C/LINKSLAUF/STUFE 1** dünsten.
4. Champignons zugeben und ohne Messbecher weitere **8 MIN./120 °C/LINKSLAUF/STUFE 1** dünsten.
5. Schmand, 900 g Wasser, Gewürzpaste, Salz, Pfeffer, Kümmel und Paprikapulver zugeben.
6. Varoma-Behälter aufsetzen, Kartoffeln einwiegen, Varoma verschließen und **35 MIN./VAROMA/LINKSLAUF/STUFE 1** garen. In dieser Zeit die Deckel der kleinen Brote herausschneiden und die Krume mit einem Löffel herauslösen.
7. Varoma absetzen. Frühlingszwiebeln und angerührte Speisestärke in den Mixtopf zugeben und **2 MIN./100 °C/LINKSLAUF/STUFE 1** aufkochen.
8. Kartoffeln und Mixtopfinhalt in einer großen Servierschüssel vermischen, in die vorbereiteten Brotschüsseln füllen und heiß servieren.

TORTELLONI MIT GORGONZOLA-SPINAT-SAUCE

vegetarisch | 10 Minuten | 25 Minuten | 4 Portionen

Zutaten:

200 g Spinat (frisch)
200 g Zwiebeln
3 Knoblauchzehen
1 TL Speisestärke
50 g kaltes Wasser
30 g Olivenöl
300 g Sahne
200 g Gorgonzola
40 g Pinienkerne
1 TL Salz (oder Kräutersalz, s. Seite 28)
½ TL Pfeffer
600 g Tortelloni (aus dem Kühlregal)

1. Spinat waschen und abtupfen. Zwiebeln schälen und halbieren. Knoblauch schälen. Speisestärke mit dem kalten Wasser in einer kleinen Schüssel verrühren.
2. Spinat, Öl, Knoblauch und Zwiebeln in den Mixtopf geben und **7 SEK./STUFE 4.5** zerkleinern. Mit dem Spatel nach unten schieben.
3. Anschließend **3 MIN./100 °C/STUFE 1** dünsten.
4. Angerührte Speisestärke, Sahne, Gorgonzola, Pinienkerne, Salz und Pfeffer zugeben, Gareinsatz einhängen, Tortelloni einwiegen und **13 MIN./100 °C/LINKSLAUF/STUFE 2** kochen.
5. Gareinsatz mithilfe des Spatels herausnehmen. Tortelloni auf 4 Tellern anrichten, mit der Sauce übergießen und heiß servieren.

TIPPS:

Frische Tortelloni gibt es im Kühlregal mit verschiedenen Füllungen wie Spinat, Ricotta oder Steinpilzen. Wählen Sie einfach Ihre Lieblingsfüllung aus.

Anstelle von Tortelloni können auch kleinere Tortellini verwendet werden.

RUCOLA-RISOTTO

vegetarisch | 10 Minuten | 35 Minuten | 4 Portionen

Zutaten:

1 Zwiebel
2 Knoblauchzehen
80 g Rucola
40 g Olivenöl
350 g Risottoreis
100 g Weißwein
900 g heißes Wasser
2 TL Gewürzpaste (s. Seite 26) oder 1 Gemüsesuppenwürfel
1 TL Salz (oder Kräutersalz, s. Seite 28)
½ TL Paprikapulver
20 g Tomatenmark
150 g Ziegenfrischkäse

1. Zwiebel schälen und halbieren. Knoblauch schälen. Rucola waschen, abtupfen und in dünne Streifen schneiden.
2. Zwiebel und Knoblauch in den Mixtopf geben, **3 SEK./STUFE 5** zerkleinern und mit dem Spatel nach unten schieben.
3. Öl zugeben und **3 MIN./120 °C/STUFE 1** dünsten.
4. Reis zugeben und **3 MIN./120 °C/LINKSLAUF/STUFE 1** dünsten.
5. Wein zugeben und **1 MIN./100 °C/LINKSLAUF/STUFE 1** erhitzen.
6. Wasser, Gewürzpaste, Salz, Paprikapulver und Tomatenmark zugeben und **16 MIN./100 °C/LINKSLAUF/STUFE 1** garen.
7. Rucolastreifen und Ziegenfrischkäse in den Mixtopf zugeben und mithilfe des Spatels unterheben, dann **2 MIN./90 °C/LINKSLAUF/STUFE 1** erwärmen.
8. Risotto abschmecken, auf 4 Teller verteilen und sofort servieren.

TIPP:

Optional können Sie geröstete Pinienkerne darüber streuen.

BUNTER BULGUR-SALAT MIT GRANATAPFEL UND VEGANEM FETA

vegan | 15 Minuten | 35 Minuten | 4 Portionen

Zutaten:

1 Knoblauchzehe
500 g Wasser
2 TL Gewürzpaste (s. Seite 26) oder 1 Gemüsesuppenwürfel
250 g Bulgur
50 g Zitronensaft
50 g Olivenöl
2 TL Salz (oder Kräutersalz, s. Seite 28)
1 Prise Pfeffer
½ TL gemahlener Kümmel
1 EL Ahornsirup
1 Bund Petersilie
½ Bund Minze
1 Gurke
2 Frühlingszwiebeln
250 g gelbe Kirschtomaten
150 g veganer Feta
1 Avocado
3 EL Granatapfelkerne

1. Knoblauch schälen, in den Mixtopf geben und **3 SEK./STUFE 8** zerkleinern.
2. Wasser und Gewürzpaste zugeben und **8 MIN./100 °C/STUFE 1** aufkochen.
3. Bulgur zugeben und **ZEIT GEMÄSS PACKUNGSANGABE/ 90 °C/LINKSLAUF/STUFE 2** garen.
4. Zitronensaft, Öl, Salz, Pfeffer, Kümmel und Ahornsirup zugeben, mithilfe des Spatels **15 SEK/LINKSLAUF/STUFE 5** mischen, in eine große Schüssel füllen und auskühlen lassen.
5. Petersilie und Minze waschen, trocken tupfen, in den Mixtopf geben und **3 SEK./STUFE 8** zerkleinern und in der Schüssel mit dem Bulgur vermengen.
6. Gurke waschen, in dünne Scheiben schneiden und diese vierteln. Frühlingszwiebeln waschen und klein schneiden. Kirschtomaten waschen und halbieren. Veganen Feta zerbröseln. Avocado schälen, entkernen und in kleine Würfel schneiden. Alles in die große Schüssel geben und gut vermischen.
7. Den Salat ein wenig durchziehen lassen und mit Granatapfelkernen dekoriert servieren.

TIPPS:

Dieses Rezept ist eine kinderfreundliche Variante des Gerichts, da es mild ist. Wer es scharf mag, kann etwas Cayennepfeffer, Chili oder scharfes Paprikapulver hinzufügen – oder das Gericht direkt auf dem Teller mit Chilipulver oder Chilipaste würzen. So bleibt das Gericht für jeden Geschmack perfekt.

CHILI MIT REIS UND TORTILLA-CHIPS

vegan | 15 Minuten | 35 Minuten | 4 Portionen

Zutaten:

1 Zwiebel
2 Knoblauchzehen
1 rote Paprikaschote
1 Dose Kidneybohnen
1 Dose Mais
20 g Öl (z. B. Kokosöl)
350 g Wasser
250 g Reis
1 Dose stückige Tomaten
20 g Tomatenmark
1 TL Kümmel
1 TL Paprikapulver
2 TL Salz (oder Kräutersalz, s. Seite 28)
1 TL Oregano
¼ TL Zimt
½ TL Pfeffer
1 Packung Tortilla-Chips (Sorte nach Geschmack)

1. Zwiebel schälen und halbieren. Knoblauch schälen. Paprika waschen, entkernen und in ca. 2 cm große Stücke schneiden. Kidneybohnen und Mais in einem Sieb mit Wasser gut auswaschen und abtropfen.
2. Zwiebel und Knoblauch in den Mixtopf geben, **2 SEK./STUFE 7** zerkleinern und mit dem Spatel nach unten schieben.
3. Öl zugeben und **3 MIN./120 °C/STUFE 1** dünsten.
4. Wasser, Reis, stückige Tomaten, Tomatenmark, Kümmel, Paprikapulver, Salz, Oregano, Zimt und Pfeffer zugeben und **15 MIN./100 °C/LINKSLAUF/STUFE 1** kochen.
5. Kidneybohnen und Mais zugeben, mit dem Spatel untermischen, **5 MIN./100 °C/LINKSLAUF/STUFE 1** fertig kochen.
6. Chili auf 4 Tellern anrichten und Tortilla-Chips hineinstecken.

TIPP:

Dieses Rezept ist eine kinderfreundliche Variante des Gerichts, da es mild ist. Wer es scharf mag, kann etwas Cayennepfeffer, Chili oder scharfes Paprikapulver hinzufügen – oder das Gericht direkt auf dem Teller mit Chilipulver oder Chilipaste würzen. So bleibt das Gericht für jeden Geschmack perfekt.

MANDEL-MAC-AND-CHEESE

vegan | 10 Minuten | 25 Minuten | 4 Portionen

Zutaten:

300 g Nudeln (z. B. Hörnchen)
600 g Mandeldrink
3 EL weißes Mandelmus
2 EL Hefeflocken
½ TL Kurkuma
1 TL Salz (oder Kräutersalz, s. Seite 28)
2 Prisen Pfeffer
200 g vegane Parmesan-Alternative, gerieben

1. Nudeln, Mandeldrink, Mandelmus, Hefeflocken, Kurkuma, Salz und Pfeffer in den Mixtopf geben und **6 MIN./100 °C/ LINKSLAUF/STUFE 1** erhitzen.
2. Dann **ZEIT GEMÄSS PACKUNGSANGABE/90 °C/ LINKSLAUF/STUFE 1** garen.
3. Vegane Parmesan-Alternative mithilfe des Spatels unterrühren, abschmecken und servieren.

Kokos-Kichererbsen-Eintopf

vegan | 15 Minuten | 45 Minuten | 4 Portionen

Zutaten:

8 Stängel Koriander
1 Zwiebel
20 g frischer Ingwer
2 Knoblauchzehen
1 Dose Kichererbsen (560 g)
100 g Kirschtomaten
30 g Öl (z. B. Kokosöl)
1 TL Salz (oder Kräutersalz, s. Seite 28)
½ TL Pfeffer
20 g Zucker
1 TL gemahlener Kümmel
1 TL mildes Currypulver
50 g Wasser
100 g Tomatenmark
400 g Kokosmilch

1. Koriander waschen, trocken tupfen und abzupfen. Zwiebel und Ingwer schälen und in Stücke schneiden. Knoblauch schälen. Kichererbsen in ein Sieb geben und abtropfen lassen. Kirschtomaten waschen und halbieren.
2. Die Hälfte vom Koriander sowie Zwiebel, Ingwer und Knoblauch in den Mixtopf geben, 6 Sek./Stufe 5 zerkleinern und mit dem Spatel nach unten schieben.
3. Öl zugeben und ohne Messbecher **3 MIN./120 °C/STUFE 1** dünsten.
4. Salz, Pfeffer, Zucker, Kümmel und Currypulver zugeben und **1 MIN./120 °C/STUFE 1** dünsten.
5. Wasser, Tomatenmark und Kokosmilch zugeben und **20 MIN./100 °C/STUFE 1** garen.
6. Kichererbsen und Kirschtomaten zugeben und **7 MIN./100 °C/LINKSLAUF/STUFE 1** garen.
7. Den Kokos-Kichererbsen-Eintopf mit dem restlichen Koriander bestreut servieren.

Veganer Sugo

vegan | 5 Minuten | 25 Minuten | 4 Portionen

Zutaten:

1 Zwiebel
1 Knoblauchzehe
400 g Möhren
20 g Öl (z. B. Olivenöl)
2 Dosen stückige Tomaten
1 Packung Sojahack (fein, nicht eingeweicht)
100 g Wasser
50 g Tomatenmark
1 TL Salz (oder Kräutersalz, s. Seite 28)
½ TL Paprikapulver
½ TL Pfeffer
1 TL Zucker
1 TL getrockneter Majoran
2 TL getrocknetes Basilikum
2 Prisen Zimt

1. Zwiebel schälen und halbieren. Knoblauch schälen. Möhren waschen und in Stücke schneiden.
2. Zwiebel, Knoblauch und Möhren in den Mixtopf geben, **5 SEK./STUFE 5** zerkleinern und mit dem Spatel nach unten schieben.
3. Öl zugeben und **3 MIN./120 °C/STUFE 2** dünsten.
4. Tomaten, Sojahack, Wasser, Tomatenmark, Salz, Paprikapulver, Pfeffer, Zucker, Majoran, Basilikum und Zimt zugeben, einmal mit dem Spatel verrühren, und **17 MIN./100 °C/LINKSLAUF/STUFE 2** garen. Abschmecken und zum Beispiel zu Nudeln servieren.

TIPP:

Der vegane Sugo ist im Schraubglas einige Tage im Kühlschrank haltbar.

WIENER SAFTGULASCH

vegan | 10 Minuten | 40 Minuten | 4 Portionen

Zutaten:

120 g Soja-Schnetzel
1000 g Wasser
2 TL Gewürzpaste (s. Seite 26) oder 1 Gemüsesuppenwürfel
2 Zwiebeln
2 Knoblauchzehen
80 g Öl (z. B. Olivenöl)
50 g Tomatenmark
1 EL Paprikapulver
1 TL Zitronenschale, gerieben
1 TL getrockneter Majoran
1 TL gemahlener Kümmel
2 Lorbeerblätter
1 TL Salz (oder Kräutersalz, s. Seite 28)
4 Prisen Pfeffer

1. Eine große Schüssel auf den Mixtopfdeckel stellen, Soja-Schnetzel einwiegen und beiseitestellen.
2. Wasser und Gewürzpaste in den Mixtopf geben und **7 MIN./100 °C/STUFE 1** erhitzen. Heiße Gemüsebrühe über die Soja-Schnetzel in die Schüssel gießen und 10 Minuten ziehen lassen. Währenddessen Zwiebeln schälen und halbieren. Knoblauch schälen.
3. Zwiebeln und Knoblauch in den Mixtopf geben, **7 SEK./STUFE 5** zerkleinern und mit dem Spatel nach unten schieben.
4. Öl zugeben und ohne Messbecher **7 MIN./120 °C/STUFE 1** dünsten.
5. Tomatenmark und Paprikapulver zugeben und **1 MIN./120 °C/STUFE 1** dünsten.
6. Eingeweichte Soja-Schnetzel durch den Gareinsatz gießen und Gemüsebrühe dabei auffangen. Die Soja-Schnetzel fest ausdrücken.
7. Ausgedrückte Soja-Schnetzel, 260 g Gemüsebrühe, Zitronenabrieb, Majoran, Kümmel, Lorbeerblätter, Salz und Pfeffer zugeben und **15 MIN./100 °C/LINKSLAUF/STUFE 1** kochen. Lorbeerblätter entfernen und das Saftgulasch heiß servieren.

TIPP:

Als Beilage eignen sich hervorragend Brötchen, aber auch Kartoffeln oder Nockerl.

SPINAT-PASTA MIT WALNÜSSEN

vegan | 15 Minuten | 30 Minuten | 4 Portionen

Zutaten:

1 Zwiebel
1 Knoblauchzehe
4 getrocknete Tomaten (in Öl)
200 g Babyspinat
8 Walnusshälften
1500 g Wasser
2 TL Salz (oder Kräutersalz, s. Seite 28)
15 g Öl (z. B. Olivenöl)
400 g Nudeln (z. B. Penne)
60 g Mandelmus
2 Prisen Pfeffer

1. Zwiebel schälen und halbieren. Knoblauch schälen. Tomaten abtropfen lassen. Babyspinat waschen.
2. Walnüsse in den Mixtopf geben, **2 SEK./STUFE 5** zerkleinern und umfüllen.
3. Wasser und 1 TL Salz in den Mixtopf geben und **10 MIN./100 °C/STUFE 1** erhitzen.
4. 5 g Öl und Nudeln durch die Mixtopfdeckelöffnung zugeben und **ZEIT GEMÄSS PACKUNGSANGABE/100 °C/LINKSLAUF/STUFE 1** garen.
5. Nudeln abgießen, dabei ca. 100 g Nudelwasser auffangen und zur Seite stellen. Nudeln in eine Schüssel geben und warmhalten.
6. Zwiebel, Knoblauch und getrocknete Tomaten in den Mixtopf geben, **3 SEK./STUFE 6 ZERKLEINERN** und mit dem Spatel nach unten schieben.
7. 10 g Öl zugeben und **3 MIN./120 °C/LINKSLAUF/STUFE 1** dünsten.
8. 100 g Nudelwasser, Babyspinat, Mandelmus, 1 TL Salz und Pfeffer zugeben und **3 MIN./VAROMA/LINKSLAUF/STUFE 1** garen.
9. Spinat-Sauce zu den Nudeln in die Schüssel geben, verrühren, auf 4 Tellern verteilen, mit den Walnüssen garnieren und servieren.

SCHUPFNUDELN MIT MOHN

vegetarisch | 25 Minuten | 60 Minuten | 4 Portionen

Zutaten:

500 g mehlige Kartoffeln, gekocht
60 g Mohn
60 g Zucker
etwas Butter zum Einfetten
250 g Mehl
½ TL Salz
1 Ei
600 g Wasser
2 EL Puderzucker

1. Gekochte Kartoffeln schälen und in Stücke schneiden.
2. Mohn und 20 g Zucker in den Mixtopf geben, **10 SEK./STUFE 10** pulverisieren und umfüllen.
3. Varoma-Behälter und Varoma-Einlegeboden mit Butter einfetten.
4. Kartoffeln, Mehl, Salz, 40 g Zucker und Ei in den Mixtopf geben und **TEIG KNETMODUS/2 MIN.** kneten.
5. Auf einer bemehlten Arbeitsfläche den Teig zu Rollen (Ø ca. 1,5 cm) formen, Rollen in ca. 55 Stücke (à 8 cm) schneiden und in den Varoma-Behälter und auf dem Varoma-Einlegeboden verteilen. Varoma-Einlegeboden in den Varoma-Behälter einsetzen und verschließen.
6. Wasser in den Mixtopf geben, Varoma aufsetzen, **35 MIN./ VAROMA/STUFE 1** garen.
7. Schupfnudeln auf 4 Schüsseln verteilen, mit dem Mohn-Zucker-Gemisch und dem Puderzucker bestreut servieren.

TIPP:

Die Kartoffeln am besten am Vortag kochen und im Kühlschrank aufbewahren. Durch das Abkühlen über Nacht verändert sich die Konsistenz der Kartoffeln. Sie werden fester und behalten besser ihre Form.

CREMIGER MILCHREIS NACH OMAS REZEPT

vegetarisch | 5 Minuten | 60 Minuten | 4 Portionen

Zutaten:

1000 g Milch
1 EL Butter
1 Prise Salz
50 g Zucker
220 g Milchreis
4 EL Heidelbeeren
1 EL Ahornsirup
4 Prisen Zimt

1. Milch, Butter, Salz, Zucker und Milchreis in den Mixtopf geben und **38–45 MIN./90 °C/LINKSLAUF/STUFE 1** garen.
2. Währenddessen Heidelbeeren waschen und trocken tupfen.
3. Milchreis auf 4 Schüsseln verteilen und 15 Minuten quellen lassen.
4. Mit Heidelbeeren, Ahornsirup und Zimt servieren.

TIPP:

Milchreis kann je nach Geschmack und Vorliebe warm oder kalt serviert werden.

VEGANER GRIESSBREI MIT MANGO

vegan | 15 Minuten | 20 Minuten | 4 Portionen

Zutaten:

130 g Weizengrieß
55 g Zucker
1 TL Speisestärke
2 TL Vanillezucker (s. Seite 29)
800 g Mandeldrink
2 TL Zitronenschale, gerieben
2 TL Zitronensaft
1 Prise Salz
2 Mangos
1 Banane
4 EL Blaubeeren
1 Scheibe Ananas
4 EL Kokosnussraspeln
4 EL Granola

1. Weizengrieß, 40 g Zucker, Speisestärke, 1 TL Vanillezucker, Mandeldrink, 1 TL Zitronenabrieb, 1 TL Zitronensaft und 1 Prise Salz in den Mixtopf geben und **11 MIN./98 °C/STUFE 3** kochen.
2. Währenddessen eine halbe Mango in Spalten und die anderen eineinhalb Mangos in Stücke schneiden. Banane schälen und in Scheiben schneiden. Blaubeeren waschen und trocken tupfen. Ananas in Stücke schneiden.
3. Grießpudding in 4 Schüsseln füllen und den Mixtopf spülen.
4. Mangostücke, 15 g Zucker, 1 TL Vanillezucker, 1 TL Zitronenabrieb und 1 TL Zitronensaft in den Mixtopf geben und **13 SEK./STUFE 10** pürieren.
5. Mangopüree auf dem Grießpudding verteilen. Mangospalten, Bananenscheiben, Blaubeeren, Ananasstücke, Kokosnussraspeln und Granola darüber verteilen und servieren.

Vegane Germknödel

vegan | 20 Minuten | 90 Minuten | 4 Portionen

Zutaten:

40 g Mohn
25 g Zucker
130 g Sojadrink
15 g Hefe (frisch)
230 g Weizenmehl (glatt)
35 g Öl (z. B. Sonnenblumenöl) und etwas mehr zum Einfetten
1 TL Zitronenschale, gerieben
1 TL Zitronensaft
1 Prise Salz
4 EL Powidl
330 g Wasser
65 g vegane Margarine

1. Mohn und 20 g Zucker in den Mixtopf geben, **30 SEK./STUFE 10** zerkleinern und in eine Schüssel umfüllen. Mixtopf spülen.
2. Sojadrink, 5 g Zucker und Hefe in den Mixtopf geben und **2 MIN./37 °C/STUFE 2** erwärmen.
3. Mehl, Öl, Zitronenabrieb, Zitronensaft und Salz zugeben und **TEIG KNETMODUS/2 MIN.** kneten.
4. Eine Schüssel mit Öl einfetten und den Teig hineingeben. Mit einem feuchten Geschirrtuch bedecken und 30 Minuten ruhen lassen.
5. Varoma-Behälter und -Einlegeboden mit Öl einfetten. Den Teig in 4 gleich große Stücke teilen, zu Kugeln formen und flach drücken. Je 1 EL Powidl daraufsetzen. Den Teig über die Füllung ziehen und verschließen. Knödel formen und im Varoma-Behälter und -Einlegeboden verteilen, dabei darauf achten, dass genügend Garschlitze frei bleiben. Varoma verschließen und 15 Minuten an einem warmen Ort gehen lassen.
6. Wasser in den Mixtopf geben, Varoma aufsetzen und **20 MIN./VAROMA/STUFE 1** dämpfen. Varoma beiseitestellen und Mixtopf leeren.
7. Margarine in den Mixtopf geben und **1 MIN. 30 SEK./80 °C/STUFE 1** zerlassen.
8. Germknödel auf Tellern anrichten, mit zerlassener Margarine übergießen und mit dem Mohn-Zucker-Gemisch bestreut servieren.

DESSERTS

Ein Nachtisch muss nicht immer sein, aber wenn es einen gibt, freuen sich alle darüber!

SELBST GEMACHTER VANILLEPUDDING AUF HIMBEEREN

vegetarisch | 5 Minuten | 30 Minuten | 4 Portionen

Zutaten:

1 Vanilleschote
500 g Milch
35 g Zucker
3 Eigelb
1 Prise Salz
30 g Speisestärke
200 g TK-Himbeeren
optional: 4 Physalis

1. Vanilleschote längs aufschneiden und Mark herauskratzen.
2. Milch, Zucker, Eigelb, Salz, Speisestärke, ausgekratztes Vanillemark und ausgekratzte Vanilleschote in den Mixtopf geben und **7 MIN./90 °C/LINKSLAUF/STUFE 3** aufkochen.
3. Vanilleschote entfernen. Tiefgekühlte Himbeeren in 4 Dessertgläser aufteilen. Vanillepudding darüber gießen und mind. 15 Minuten auskühlen lassen.
4. Optional: Physalis waschen, trocken tupfen, einschneiden und auf die Dessertgläser stecken – eine leckere essbare Dekoration.

SCHNELLES SCHOKO-MOUSSE

vegetarisch | 5 Minuten | 10 Minuten | 4 Portionen

Zutaten:

100 g dunkle Schokolade
120 g kakaohaltiges Getränkepulver (z. B. Nesquik)
450 g Sahne
1 Prise Zimt
4 EL Schokoraspeln

1. Schokolade in Stücke brechen, in den Mixtopf geben und **10 SEK./STUFE 6** zerkleinern.
2. Getränkepulver, Sahne und Zimt zugeben und **25–30 SEK./STUFE 6** aufschlagen.
3. Schokoladenmousse in 4 Gläser oder Schalen füllen und sofort servieren oder im Kühlschrank kaltstellen.
4. Zum Anrichten mit den Schokoraspeln garnieren.

TOPFENNOCKERL AUF ERDBEERSAUCE

vegetarisch | 20 Minuten | 30 Minuten | 4 Portionen

Zutaten:

500 g Erdbeeren (frisch)
250 g Sahne
1 TL Zitronenschale, gerieben
20 g Vanillezucker (s. Seite 29)
30 g Puderzucker
350 g Quark
5 TL Zitronensaft
80 g Zucker
Pfefferminzblätter zum Dekorieren

1. Erdbeeren waschen und trocken tupfen.
2. **RÜHRAUFSATZ EINSETZEN.** Sahne, 1 TL Zitronenabrieb, Vanillezucker und Puderzucker in den Mixtopf geben und **UNTER BEOBACHTUNG/STUFE 3** cremig, aber nicht steif aufschlagen. Quark und 1 TL Zitronensaft zugeben und **10–15 SEK./STUFE 2.5** unterrühren, bis eine glatte feste Masse entsteht.
3. **RÜHRAUFSATZ ENTFERNEN** und Creme in eine Schüssel mit Deckel umfüllen, im Kühlschrank kühlstellen und Mixtopf spülen.
4. 300 g Erdbeeren in den Mixtopf geben, **5 SEK./STUFE 5** zerkleinern und mit dem Spatel nach unten schieben.
5. Zucker und 4 TL Zitronensaft zugeben und **5 MIN./80 °C/STUFE 2.5** erhitzen.
6. Erdbeersauce auf Tellern anrichten, mit zwei nassen Esslöffeln Nockerl aus der Quarkmasse ausstechen, daraufsetzen und mit Minzblättern und frischen Erdbeeren dekoriert servieren.

HIMBEERPUDDING

vegetarisch | 10 Minuten | 25 Minuten | 4 Portionen

Zutaten:

600 g Himbeeren (frisch oder tiefgekühlt)
60 g Zucker
1 TL Vanillezucker (s. Seite 29)
250 g Sahne
20 g Speisestärke

TIPP:

Mit Schokoraspeln bestreut erhält der Himbeerpudding eine zusätzliche geschmackliche Verfeinerung.

1. Wenn frische Himbeeren verwendet werden, dann diese waschen und trocken tupfen.
2. Zucker in den Mixtopf geben und **8 SEK./STUFE 10** pulverisieren.
3. Vanillezucker und Himbeeren in den Mixtopf geben, **20 SEK./STUFE 8** zerkleinern und mit dem Spatel nach unten schieben.
4. Anschließend **5 MIN./85 °C/STUFE 2** erwärmen.
5. Himbeermus durch ein feinmaschiges Sieb in eine Schüssel streichen und danach wieder in den Mixtopf füllen.
6. Sahne und Speisestärke in den Mixtopf zugeben und **8 MIN./98 °C/STUFE 3.5** zu einem Pudding verrühren.
7. Himbeerpudding in Gläser oder Schalen umfüllen und lauwarm oder kalt servieren.

MANDARINENMOUSSE MIT WEISSER SCHOKOLADE UND KUMQUATS

vegetarisch | 20 Minuten | 140 Minuten | 4 Portionen

Zutaten:

400 g Mandarinen
100 g weiße Schokolade
250 g Sahne
1 Packung Sahnesteif
1 EL Speisestärke
50 g Zucker
20 g Zitronensaft
10 g Vanillezucker (s. Seite 29)
250 g Quark
8 Kumquats

1. Mandarinen schälen und die Scheiben trennen. Schokolade in Stücke zerteilen.
2. Schokolade in den Mixtopf geben, **5 SEK./STUFE 8** zerkleinern und in eine Schüssel umfüllen.
3. **RÜHRAUFSATZ EINSETZEN.** Sahne und Sahnesteif in den Mixtopf geben, ohne Messbecher **OHNE ZEITEINSTELLUNG/STUFE 3** unter Beobachtung nicht zu steif aufschlagen. **RÜHRAUFSATZ ENTFERNEN.** Sahne in eine Schüssel umfüllen und kühlstellen.
4. Mandarinen in den Mixtopf geben und **10 SEK./STUFE 10** zerkleinern.
5. Speisestärke und 10 g Zucker zugeben und **5 MIN./100 °C/ STUFE 2** kochen. Je 3 EL in 4 Gläser oder Schalen einfüllen (die restliche Mandarinenmasse bleibt im Mixtopf), die Hälfte der zerkleinerten Schokolade in die Gläser streuen und in den Kühlschrank stellen.
6. **RÜHRAUFSATZ EINSETZEN.** Zitronensaft, 40 g Zucker, Vanillezucker und Quark zugeben und **10 SEK./STUFE 4** verrühren.
7. Geschlagene Sahne zugeben und **3 SEK./STUFE 4** unterrühren. **RÜHRAUFSATZ ENTFERNEN.**
8. Mandarinenmousse auf die vorbereiteten Gläser oder Schalen verteilen, mit der restlichen zerkleinerten Schokolade bestreuen und 2 Stunden kühlstellen.
9. Kumquats waschen, vierteln und entkernen. Die Gläser oder Schalen damit garnieren und anschließend servieren.

TIPP:

Statt frischer Mandarinen können auch abgetropfte Mandarinen aus der Dose verwendet werden. Bei dieser Variante lassen Sie den Zucker in diesem Rezept weg.

Beerenzauber mit Quark

vegetarisch | 10 Minuten | 10 Minuten | 4 Portionen

Zutaten:

500 g Beeren (frisch)
100 g Zucker
500 g Magerquark
200 g Sahne
1 TL Vanillezucker (s. Seite 29)
4 TL Schokoraspeln
optional: 4 Physalis

1. Beeren waschen und trocken tupfen.
2. 40 g Zucker in den Mixtopf geben, **10 SEK./STUFE 10** pulverisieren und mit dem Spatel nach unten schieben.
3. Beeren zugeben, **4 SEK./STUFE 6** zerkleinern und auf 4 Dessertgläser oder Schüsseln verteilen.
4. 60 g Zucker, Magerquark, Sahne und Vanillezucker in den Mixtopf geben und **10 SEK./STUFE 4** verrühren. Quarkcreme über die zerkleinerten Beeren in den Dessertgläsern verteilen und mit Schokoraspeln bestreut servieren.
5. Optional: Physalis waschen, trocken tupfen, einschneiden und auf die Dessertgläser stecken – eine leckere essbare Dekoration.

PANNACOTTA MIT KIRSCHEN

Fleisch | 10 Minuten | 300 Minuten | 4 Portionen

Zutaten:

2–3 Blätter weiße Gelatine
250 g Sahne
130 g Milch
70 g Zucker
1 TL Vanillezucker (s. Seite 29)
½ TL Speisestärke
80 g Orangensaft
130 g Sauerkirschen (frisch oder aufgetaut)

1. Gelatine nach Packungsangabe einweichen.
2. Sahne, Milch, 50 g Zucker und Vanillezucker in den Mixtopf geben und **4 MIN. 50 SEK./80 °C/STUFE 3** erwärmen.
3. Ausgedrückte Gelatine zugeben und **15 SEK./STUFE 3** auflösen.
4. 4 Gläser oder Schalen mit Wasser ausspülen, die Sahnemischung einfüllen und abkühlen lassen. Etwa 5 Stunden im Kühlschrank fest werden lassen.
5. 20 g Zucker, Speisestärke und Orangensaft in den Mixtopf geben und **10 SEK./STUFE 5** mischen. Kirschen zugeben und **9 MIN./ 100 °C/LINKSLAUF/STUFE 1** kochen. Kompott in eine Schüssel umfüllen und ebenfalls abkühlen lassen.
6. Pannacotta mit dem Kirschkompott garnieren und servieren.

Cheesecakes im Glas

vegetarisch | 15 Minuten | 170 Minuten | 4 Portionen

Zutaten:

130 g Erdbeeren (frisch oder tiefgekühlt)
15 g Butter
25 g Vollkornkekse
15 g Nüsse (z. B. Walnüsse, Mandeln)
80 g Zucker
200 g Frischkäse
35 g Sahne
1 TL Vanillezucker (s. Seite 29)
1 Prise Salz
2 Eier
400 g Wasser

1. Wenn frische Erdbeeren verwendet werden, diese waschen und trocken tupfen.
2. Butter, Vollkornkekse, Nüsse und 15 g Zucker in den Mixtopf geben, **10 SEK./STUFE 7** zerkleinern und die krümelige Mischung auf 4 hitzebeständige Gläser oder Tassen verteilen. Mischung mit einem Löffel am Boden gut andrücken. Mixtopf spülen.
3. Frischkäse, Sahne, 40 g Zucker, Vanillezucker, Salz und Eier in den Mixtopf geben, **1 MIN./STUFE 4** vermischen und auf den Krümelboden in die Gläser oder Tassen verteilen, mit hitzebeständiger Frischhaltefolie oder Deckeln abdecken und in den Varoma-Behälter stellen. Mixtopf spülen.
4. Wasser in den Mixtopf geben, Varoma aufsetzen und **22 MIN./VAROMA/STUFE 1** dampfgaren. Varoma abnehmen und ohne Deckel zum Abkühlen zur Seite stellen. Mixtopf leeren und mit der Zubereitung fortfahren.
5. Erdbeeren und 25 g Zucker in den Mixtopf geben und **10 MIN. 30 SEK./100 °C/STUFE 1** kochen. Jeden Cheesecake mit 2 EL dieser Erdbeerkonfitüre toppen und die Kuchen komplett abkühlen lassen. Dann mindestens 2 Stunden in den Kühlschrank stellen und gekühlt servieren.

Tipps:

Ideal sind hitzebeständige Gläser mit Glasdeckel. Alternativ können jedoch auch hitzebeständige Trinkgläser oder Tassen verwendet werden, die mit hitzebeständiger Frischhaltefolie abgedeckt werden.

Diese kleinen Käsekuchen lassen sich gut im Voraus zubereiten und auch einfrieren. Sie sind auch ein besonderes Mitbringsel oder Geschenk für Freunde.

ERDBEER-TIRAMISU

vegetarisch | 10 Minuten | 180 Minuten | 4 Portionen

Zutaten:

330 g Erdbeeren
130 g Mascarpone
130 g Quark
10 g Vanillezucker (s. Seite 29)
25 g Zucker
25 g Milch
130 g Löffelbiskuits
50 g Orangensaft

1. Erdbeeren waschen, trocken tupfen und in Scheiben schneiden.
2. Mascarpone, Quark, Vanillezucker, Zucker und Milch in den Mixtopf geben und **10 SEK./STUFE 4** verrühren.
3. Löffelbiskuits in eine Auflaufform auflegen und mit dem Orangensaft beträufeln.
4. Die Mascarpone-Creme mithilfe des Spatels darüber verstreichen, Erdbeeren darüber verteilen und mindestens 2 bis 3 Stunden im Kühlschrank kaltstellen. Danach das Erdbeer-Tiramisu in 4 Stücke teilen und servieren.

TIPP:

Das Erdbeer-Tiramisu kann auch am Vortag zubereitet und über Nacht kaltgestellt werden.

FRUCHTEIS

vegetarisch | 5 Minuten | 5 Minuten | 4 Portionen

Zutaten:

60 g Zucker
300 g tiefgekühlte Früchte (z. B. Beeren)
100 g Sahne

1. Zucker in den Mixtopf geben und **10 SEK./STUFE 10** pulverisieren.
2. Gefrorenes Obst zugeben, **10 SEK./STUFE 8** zerkleinern und mit dem Spatel nach unten schieben.
3. Sahne zugeben, **30 SEK./STUFE 4** zu einem cremigen Fruchteis verrühren und sofort servieren.

TIPPS:

Immer wenn Obst übrigbleibt, können Sie dieses in kleinen Stücken einfrieren und später zu einem erfrischenden Fruchteis verarbeiten.

Anstelle von Sahne kann auch Joghurt, Milch, Kefir oder Wasser verwendet werden, um eine leichtere oder vegane Variante des Fruchteises herzustellen.

Eisreste im Mixbecher können durch Zugabe von etwas Milch zu einem Milchshake verarbeitet werden.

OMAS APFELKOMPOTT

vegan | 10 Minuten | 20 Minuten | 4 Portionen

Zutaten:

500 g säuerliche Äpfel
1 Zitrone
150 g Wasser
1 EL Zucker
2 Gewürznelken
2 Prisen Zimt

1. Äpfel schälen, entkernen und in Spalten schneiden. Zitrone waschen, mit einem Schäler abschälen und auspressen.
2. Äpfel, Zitronenschale, Zitronensaft, Wasser, Zucker, Gewürznelken und Zimt in den Mixtopf geben und **10 MIN./95 °C/ LINKSLAUF/STUFE 1** erhitzen.
3. Gewürznelken und Zitronenschale entfernen.

TIPPS:

Das Apfelkompott kann warm oder kalt serviert werden.

Anstelle von Äpfeln können auch festkochende Birnen verwendet werden. Sie können auch beides mischen.

Das Kompott ist, frisch in ein sauberes Glas gefüllt und gut verschlossen, im Kühlschrank bis zu 5 Tage haltbar.

VEGANER CHIA-PUDDING MIT BEEREN

vegan | 15 Minuten | 135 Minuten | 4 Portionen

Zutaten:

300 g Beeren (frisch)
200 g Cashewkerne
500 g Wasser
40 g Ahornsirup
1 TL Zimt
1 TL Vanillezucker (s. Seite 29)
1 Prise Salz
100 g Chiasamen

1. Beeren waschen und trocken tupfen.
2. Cashewkerne in den Mixtopf geben und **7 SEK./STUFE 10** mahlen.
3. Wasser, Ahornsirup, Zimt, Vanillezucker und Salz zugeben und **2 MIN./STUFE 10** mixen.
4. Chiasamen zugeben und **30 SEK/LINKSLAUF/STUFE 3** mischen.
5. Chia-Pudding auf 4 Gläser oder Schalen aufteilen und für mindestens 2 Stunden in den Kühlschrank stellen.
6. Mit frischen Beeren garnieren und optional mit Ahornsirup beträufelt servieren.

TIPP:

Der Chia-Pudding kann bereits am Vortag zubereitet werden. Einfach über Nacht in den Kühlschrank stellen.

VEGANE CASHEW-PANNACOTTA MIT HIMBEERSAUCE

vegan | 20 Minuten | 140 Minuten | 4 Portionen

Zutaten:

80 g Zucker
½ Vanilleschote
130 g Cashewkerne (ungeröstet, ungesalzen)
1 TL Agar-Agar
10 g Öl (z. B. Sonnenblumenöl)
330 g Wasser
200 g Himbeeren (aufgetaut)
25 g Zitronensaft

1. 60 g Zucker und Vanilleschote in den Mixtopf geben und **20 SEK./STUFE 10** pulverisieren.
2. Cashewkerne, Agar-Agar, Öl und Wasser zugeben, **1 MIN. 30 SEK./STUFE 10** mahlen und **8 MIN./110 °C/STUFE 3** aufkochen.
3. 4 Gläser oder Schalen mit kaltem Wasser ausspülen, Cashew-Mischung einfüllen und mindestens 2 Stunden im Kühlschrank fest werden lassen. Mixtopf spülen.
4. 20 g Zucker in den Mixtopf geben und **8 SEK./STUFE 10** pulverisieren.
5. Himbeeren und Zitronensaft zugeben, **15 SEK./STUFE 7** pürieren.
6. Optional: Die Himbeersauce durch ein feines Sieb passieren, um die Kernchen zu entfernen.
7. Die Cashew-Pannacotta mit der Himbeersauce garnieren und servieren.

TIPPS:

Die Pannacotta kann auch am Vortag zubereitet und über Nacht kaltgestellt werden.

Je nach Hersteller bindet Agar-Agar unterschiedlich viel Flüssigkeit. Achten Sie bei der Verwendung auf die Packungsangaben.

HAUSMITTEL

Auch Superhelden haben mal mit kleinen Wehwehchen zu kämpfen. Aber keine Sorge, unser One-Pot-Superheld der Küche – der Thermomix® – hat wieder eine Lösung parat!

Hier finden Sie vier einfache und effektive Hausmittel-Rezepte, die bei Erkältung, Bauchweh, Durchfall und Verstopfung helfen können. Diese wertvollen Rezepte wurden von Oma überliefert und seit Generationen weitergegeben.

So können Sie sich und Ihre Familie auf natürliche Art und Weise gesund halten und Superhelden-Kräfte auch im Kampf gegen die kleinen Zipperlein stärken!

WISSENSWERTES:

Die Hühnersuppe wirkt wohltuend und stärkend bei Schnupfen, Fieber und sonstigen Erkältungssymptomen. Sie wärmt innerlich, entspannt und der Körper kann die wertvollen Inhaltsstoffe nutzen, um den Kampf gegen die Viren aufzunehmen.

Die selbst gekochte Hühnersuppe kann mehrmals täglich gegessen werden – auf jeden Fall tut sie gut!

Bitte achten Sie auf Bio-Qualität bei der Auswahl des Huhns.

HÜHNERSUPPE – EIN BEWÄHRTES REZEPT BEI ERKÄLTUNG

Fleisch | 25 Minuten | 55 Minuten | 4 Portionen

Zutaten:

400 g Bio-Hühneroberkeulen (ohne Haut, ausgelöst)
1 Bio-Rindsknochen
5 Stängel Petersilie
70 g Zwiebeln
1 Knoblauchzehe
400 g Suppengemüse (z. B. Möhre, Sellerie, Petersilienwurzel)
2 Prisen gemahlene Nelken
3 Wacholderbeeren
2 Lorbeerblätter
½ TL Pfeffer
1300 g Wasser
2 TL Salz (oder Kräutersalz, s. Seite 28)
1 TL Gewürzpaste (s. Seite 26) oder ½ Gemüsesuppenwürfel
40 g Suppennudeln

1. Hühnerteile und Rindsknochen mit kaltem Wasser gut abwaschen. Petersilie waschen, trocken tupfen und abzupfen. Zwiebeln schälen und vierteln. Knoblauch schälen. Die Hälfte vom Suppengemüse waschen und in Stücke schneiden.
2. Petersilie, Zwiebeln und Knoblauch in den Mixtopf geben, **5 SEK./STUFE 5** zerkleinern und mit dem Spatel nach unten schieben.
3. 200 g Suppengemüse, Nelkenpulver, Wacholderbeeren, Lorbeerblätter und Pfeffer zugeben und 8 Sek./Stufe 4 zerkleinern.
4. Wasser, Hühnerfleisch und Rindsknochen zugeben und **15 MIN./100 °C/LINKSLAUF/STUFE 0.5** kochen.
5. Währenddessen restliches Suppengemüse waschen, schälen und in ca. 3 mm dicke Scheiben schneiden.
6. Vorgekochte Hühnerteile, Rindsknochen und ausgekochtes Gemüse durch den Gareinsatz abseihen und Suppe in einer Schüssel oder einem Topf auffangen. Mixtopf ausspülen.
7. Suppe und vorgekochte Hühnerteile aus dem Gareinsatz in den Mixtopf geben. Salz und Gewürzpaste zugeben. Gareinsatz leeren und in den Mixtopf einhängen, Gemüsescheiben hineingeben und **12 MIN./100 °C/STUFE 1** kochen.
8. Gareinsatz mithilfe des Spatels herausnehmen, zur Seite stellen und Hühnerteile in der Suppe **6 SEK/LINKSLAUF/STUFE 4** zerkleinern.
9. Vorgegarte Gemüsescheiben und Suppennudeln zugeben und nochmals **3 MIN./90 °C/LINKSLAUF/STUFE 1** ziehen lassen.
10. Die kraftvolle Hühnersuppe abschmecken und servieren.

HAUSGEMACHTER HUSTENSAFT

vegan | 5 Minuten | 10 Minuten | 4 Portionen

Zutaten:

1 Zwiebel
200 g Wasser
75 g Ahornsirup
1 EL getrockneter Thymian
1 EL getrockneter Spitzwegerich

1. Zwiebel schälen und halbieren.
2. Alle Zutaten in den Mixtopf geben und **7 MIN./100 °C/ STUFE 1** kochen.
3. Durch ein feines Sieb gießen und in eine Flasche füllen.

WISSENSWERTES:

Die Süße des Ahornsirups überdeckt den Geschmack der anderen Zutaten, sodass Kinder (und auch Erwachsene) diesen Hustensaft gerne trinken.

Am besten nimmt man 3- bis 5-mal täglich je 1 TL zu sich. Verwenden Sie ein Schnapsglas, um ein Verschütten der süßen Flüssigkeit zu vermeiden.

Der Hustensaft ist im Kühlschrank 1–2 Wochen haltbar.

Spitzwegerich ist in der Apotheke erhältlich. Sie können auch den Inhalt eines Teebeutels verwenden.

MÖHRENSUPPE

Omas Rezept bei Durchfall und Bauchschmerzen

vegan | 10 Minuten | 100 Minuten | 4 Portionen

Zutaten:

500 g Möhren
1000 g Wasser
1 TL Salz
1 EL Schnittlauchringe

1. Möhren schälen und in Stücke schneiden.
2. Möhren und Wasser in den Mixtopf geben und **90 MIN./100 °C/LINKSLAUF/STUFE 1** kochen.
3. Salz zugeben und **1 MIN./STUFE 5–10 SCHRITTWEISE ANSTEIGEND** pürieren.
4. Zum Anrichten frischen Schnittlauch darüber streuen.

WISSENSWERTES:

Möhrensuppe ist ein altbewährtes Hausmittel bei Durchfall. Die Inhaltsstoffe helfen nicht nur, die Krankheitserreger loszuwerden, sondern auch, die Darmflora schneller wiederherzustellen.

Die Suppe kann mehrmals täglich gegessen werden.

Kleinen Kindern kann man Reis oder Nudeln als Beilage dazugeben, um die Suppe schmackhafter zu machen.

Zitronenwasser bei Verstopfung

vegetarisch | 5 Minuten | 10 Minuten | 4 Portionen

Zutaten:

2 Bio-Zitronen
1000 g Wasser
optional 40 g Honig

1. Zitronen waschen, vierteln und entkernen.
2. Zitronen und Wasser in den Mixtopf geben, **4 SEK./STUFE 10** zerkleinern, durch den Gareinsatz abseihen und Flüssigkeit in einem Krug auffangen. Mixtopf ausspülen.
3. Zitronenwasser in den Mixtopf geben und **4 MIN./70 °C/STUFE 1** erwärmen.
4. Optional Honig zugeben und **10 SEK./STUFE 4** vermischen.

WISSENSWERTES:

Ein Glas warmer Zitronensaft wirkt abführend und ist eine der einfachsten und natürlichsten Hausmittel gegen Verstopfung, vor allem bei Kindern.

Auch Honig wirkt leicht abführend und ist vor allem gesund.

Das Zitronenwasser am besten auf nüchternen Magen trinken.

Für Kinder unter einem Jahr verwenden Sie unbedingt Ahornsirup anstatt des Honigs, da Babys noch keinen Honig essen sollen.

HINWEIS:

Natürliche Hausmittel sind auf jeden Fall eine wertvolle Unterstützung, die teilweise über Jahrhunderte von Generationen zu Generationen weitergegeben wurden. Jedoch ersetzen sie keine Diagnose oder Behandlung bei einer qualifizierten Person Ihres Vertrauens, vor allem, wenn Sie Bedenken bezüglich der Gesundheit Ihres Kindes haben.

ÜBER DIE AUTORIN

Susanne Dorner ist 1977 in Österreich geboren, Autorin, Unternehmerin, stolze Mama zweier Söhne und glücklich verheiratet. Sie hat das Kochen nicht nur im elterlichen Haushalt, sondern auch in einer renommierten Tourismusschule in Österreich erlernt.

Kochen ist für sie nicht nur das Verarbeiten von Zutaten, sondern auch die Basis für Gesundheit und Vitalität. Als Kinder-Mentaltrainerin hat sie bereits viel Erfahrung in diesem Bereich. Ihre Mission: Eltern zu zeigen, wie einfach es sein kann, eingeschlichene Gewohnheiten über Bord zu werfen und den Tisch täglich mit Freude zu decken – kreativ und abwechslungsreich.

Susanne interessiert sich für alles rund ums Thema Gesundheit und Ernährung, vor allem in Zusammenhang mit Kindern. Sie liebt das Reisen in nahe und ferne Länder, Tiere (auch Gummibärchen), in der Natur die Seele baumeln zu lassen, zu lachen und das Leben zu genießen.

Ihr Motto lautet: Die geheime Zutat ist immer Liebe!

Buchtipps

ISBN: 978-3-7423-2246-3
Susanne Dorner: Einfach gesund kochen für Kinder – Lecker, schnell und günstig; Softcover, 240 Seiten, D 22,00 €, A 22,70 €

ISBN: 978-3-7423-2485-6
Susanne Dorner: One Pot Family – 100 einfache Rezepte für Groß und Klein – 1 Topf, 1 Pfanne, 1 Blech; Softcover, 160 Seiten, D 20,00 €, A 20,60 €

Bildnachweis

Umschlag: vorne André Tappe, hinten stock.adobe.com: Светлана Монякова, nadianb, Jenifoto, Leckerstudio
stock.adobe.com: S.6: vrabelpeter1, S.7: JenkoAtaman, S.12: Vadim, Graficriver, Rufat, S.16: eflstudioart, S.18: elena_hramowa, S.19: Carey, S.20: Mara Zemgaliete, S.21: Bogdan Wankowicz, S.24: Pixel-Shot, S.27: minadezhda, S.28: Oksana_S, S.29: Thomas Francois, S.32: zoryanchik, S.33: pavkis, S.34: Fanfo, S.35: Anja Greiner Adam, S.36: Andreas, S.37: freeskyline, S.38: MissesJones, S.39: ximich_natali, S.42: eflstudioart, S.43: Brent Hofacker, S.44: johannes, S.45: Gulsina, S.48: Madeleine Steinbach, S.49: thommy1973, S.50: okkijan2010, S.52: photocrew, S.56: mariana_romaniv, S.58: chandlervid85, S.60: The Big L, S.62: spaxiax, S.68: 2rogan, S.69: Thomas Francois, S.74: Yvonne Bogdanski, S.75: Silvia Bogdanski, S.76: foodfoto, S.78: Fischer Food Design, S.80: nadianb, S.82: kab-vision, S.84: juefraphoto, S.92: fahrwasser, S.94: tunedin, S.96: Uuganbayar, S.100: Africa Studio, S.106: homydesign, S.108: MissesJones, S.118: Thomas Francois, S.120: manyakotic, S.122: Esin Deniz, S.123: Olga Miltsova, S.126: sriba3, S.132: fahrwasser, S.134: sasazawa, S.135: fired, S.138: Vitaliy, S.140: Piotr Krzeslak, S.142: tunedin, S.144: fahrwasser, S.145: Jenifoto, S.146: PhotoGP, S.151: vaaseenaa, S.152: thongsee, S.153: HLPhoto, S.154: Vasylyna Maksymovych, S.157: Olga Gorchichko, S.158: nadianb, S.160: Simone van den Berg, S.161: thommy1973, S.162: Daniel Vincek, S.163: JRP Studio, S.164: victoria p., S.168: Anett Bakos, S.171: webstoodio, S.172: daggistock

Stephanie Just: S.130, S.150

André Tappe: S.54, S.64, S.72, S.86, S.88, S.98, S.102, S.110, S.124, S.156

pixabay.com: S. 2: stux

Bibliografische Information der Deutschen Nationalbibliothek
Die Deutsche Nationalbibliothek verzeichnet diese Publikation in der Deutschen Nationalbibliografie. Detaillierte bibliografische Daten sind im Internet über https://dnb.de abrufbar.

Für Fragen und Anregungen
info@m-vg.de

Wichtiger Hinweis

Sämtliche Inhalte dieses Buches wurden – auf Basis von Quellen, die die Autorin und der Verlag für vertrauenswürdig erachten – nach bestem Wissen und Gewissen recherchiert und sorgfältig geprüft. Alle Rezepte in diesem Buch wurden für den Thermomix® TM6 entwickelt und mit diesem getestet. Bitte beachten Sie: Der Mixtopf des Thermomix® TM6 ist größer als der des TM31 (Kapazität von 2,2 Litern anstatt 2,0 Liter beim TM31). Daher dürfen aus Sicherheitsgründen die Rezepte aus diesem Buch nur dann mit dem TM31 nachgekocht werden, wenn die Mengen angepasst wurden. Achten Sie auf die Füllstandsmarkierungen und überschreiten Sie die maximale Füllmenge nicht. Der Verlag und die Autorin haften für keine nachteiligen Auswirkungen, die in einem direkten oder indirekten Zusammenhang mit den Informationen stehen, die in diesem Buch enthalten sind. Thermomix® ist ein eingetragenes Warenzeichen der Vorwerk & Co. KG. Diese Publikation ist kein offizielles Lizenzprodukt der Vorwerk & Co. KG.

Ausschließlich zum Zweck der besseren Lesbarkeit wurde auf eine genderspezifische Schreibweise sowie eine Mehrfachbezeichnung verzichtet. Alle personenbezogenen Bezeichnungen sind somit geschlechtsneutral zu verstehen.

Originalausgabe
1. Auflage 2024

Türkenstraße 89
80799 München
Tel.: 089 651285-0

Redaktion: Silke Panten
Umschlaggestaltung: Sonja Vallant
Umschlagabbildung: André Tappe
Satz: inpunkt[w]o, Wilnsdorf (www.inpunktwo.de)
Druck: Firmengruppe APPL, aprinta Druck, Wemding
Printed in Germany

ISBN Print 978-3-7423-2672-0
ISBN E-Book (PDF) 978-3-7453-2436-5
ISBN E-Book (EPUB, Mobi) 978-3-7453-2437-2

Wir produzieren nachhaltig
www.m-vg.de

Weitere Informationen zum Verlag finden Sie unter
www.rivaverlag.de
Beachten Sie auch unsere weiteren Verlage unter www.m-vg.de